1억을 모으는
내 아이의
첫
ETF

초등학생도 이해하는
절세 효과 만점의 ETF 투자법

1억을 모으는
내 아이의
첫
ETF

미즈쑤 지음

자녀에게 경제적 자존감을
길러주고 싶었다

부모가 된다는 것은 단순히 한 생명을 책임지는 일이 아니라, 한 인간의 미래를 함께 짊어지는 일입니다. 아이가 걷기 시작하면 넘어지지 않도록 곁에서 손을 내밀고, 학교에 들어가면 부족한 부분이 없는지 살피며, 더 넓은 세상에서 당당하게 살아갈 수 있도록 기회와 경험을 채워 넣습니다.

영어학원을 알아보고, 체험학습을 계획하고, 더 나은 교육환경을 고민하는 일은 어느새 익숙해진 부모의 일상이 되었습니다. 그런데 이상하게도, 아이의 평생을 지켜줄 또 하나의 중요한 영역인 '돈의 감각' 앞에서는 마음이 무겁습니다.

'어떻게 알려줘야 하지?'

'이걸 언제부터 시작해야 하지?'

'혹시 잘못 가르치면 어쩌지?'

부모라면 누구나 한 번쯤 스치고 지나가는 고민일 것입니다. 경제교육이라고 하면 어른도 어렵고 부담스러운데, 어린 아이에게 이를 어떻게 자연스럽게 전해야 할지 막막하기만 합니다. 저 역시 그 막막함 한가운데에서 출발했습니다. 어린 아이에게 '돈'이라는 개념을 어떻게 설명할 수 있을까? 무턱대고 계좌만 만들어준다고 해서 스스로 잘 쓸 줄 알게 되는 건 아닐 텐데….

그런 의문 속에서 저는 아주 작은 시도 하나를 시작했습니다. 바로 아이의 이름으로 용돈을 모아가는 일이었습니다. 그날 이후, 10년이라는 시간 동안 아이의 계좌에 3,000만 원이라는 든든한 종잣돈을 마련할 수 있었습니다. 이 과정을 통해 아이에게 어떻게 소비하고, 저축하고, 투자해야 하는지 자연스럽게 알려줄 수 있었습니다. 뿐만 아니라, 아이는 숫자를 통해 자신이 선택한 행동의 결과를 확인했고, 그 과정에서 돈의 흐름과 가치를 몸으로 배워가기 시작했습니다.

3,000만 원이라는 절대 금액도 중요하지만, 저는 부모로서 이보다 더 큰 선물이 따로 있다고 믿습니다. 바로 '시간과 복리'의 힘을 아이가 아주 어릴 때부터 경험하도록 만드는 것입니다. 돈을 무조건 아껴야 한다는 강박도, 무턱대고 투자해야 한다는 조급함도 아닙니다. 아이 스스로 판단하고, 선택하고, 그 선택의 결과를 이해하는 힘을 갖는 것. 그 과정에서 자연스럽게 길러지는 경제적 자존감이야말로 앞으로의 삶에서 어떤 어려움이 찾아오더라도 흔들리지 않는 내면의 기반이 될 것입니다.

필요할 때 꺼내 쓸 수 있는 든든한 안전망, 욕심내지 않고도 안정적으로 자라나는 자산의 씨앗, 그리고 무엇보다 스스로 자신의 삶을 주도할 수 있다는 확신. 제가 아이에게 만들어주고 싶었던 건 바로 그 믿음을 바탕으로 한 '비빌 언덕'이었습니다.

이 책은 지난 10년간 제가 직접 실천하며 정리해 온 아이 재테크 교육의 모든 과정이 담겨있습니다. 어떻게 시작해야 할지 막막한 부모, 자녀 명의 계좌 개설이나 증여 절차가 어렵게 느껴지는 부모, ETF나 포트폴리오 구성이라는 단어만 들어도 어려운 부모, 아이에게 소비와 저축을 자연스럽게 가르치고 싶은 부모들이 바로 따라 할 수 있는 현실적이고 실천적인 방법이 가득 담겨있습니다.

저는 재테크 전문가가 아닙니다. 화려한 경제 이론을 설명할 만큼 전문적인 배경이 있는 것도 아닙니다. 그저 부모로서 가장 현실적이고 지속 가능한 방법을 고민했고, 아이에게 평생 도움이 될 작지만 단단한 기반을 만들어주고 싶었습니다. 그래서 이 책에는 어려운 용어나 복잡한 기법 대신, 부모가 일상에서 바로 적용할 수 있는 생생한 경험과 시행착오, 그리고 아이와 함께 성장하며 얻은 깨달음을 그대로 담았습니다.

누구나 시작할 수 있고, 아이와 함께 대화를 나누며, 부담 없이 따라갈 수 있는 길. 그 길을 이 책이 조용히 비춰주었으면 하는 마음입니다.

이 책이 여러분의 가정에서도 아이의 경제교육을 시작할 용기, 그리고 한 걸음 더 나아갈 수 있는 작은 계기가 되길 바랍니다. 그리고 무엇보다 아이에게 스스로 일어설 수 있는 경제적 기반을 선물하고 싶은 모든 부모에게 이 책이 변함없는 길잡이가 되기를 진심으로 바랍니다.

이 책을, 세상에서 가장 소중한 나의 진수, 민수에게 바칩니다.

감사와 사랑을 담아,
미즈쑤

1장   내가 아이 계좌에서 ETF를 투자하는 이유

2장 ETF란 무엇인가?

3장 내 아이의 첫 ETF 포트폴리오

초등학생도 이해하는
핵심 용어

✳ ETF란?

ETF는 "종목이 가득 담긴 큰 도시락"이에요. 사과(애플), 바나나(구글),
포도(아마존)… 여러 과일을 한 번에 먹을 수 있듯, ETF는 여러 회사
주식을 한 번에 살 수 있는 투자 도시락이에요.

✳ 지수(Index)

지수는 운동회 점수판 같은 거예요. "우리 반 전체 성적이 어떻게 변
하는지" 보여주는 숫자랍니다. ETF는 이 점수판을 따라 움직여요.

✳ 추종한다(Tracking)

ETF가 "나 이 점수판을 따라갈게!"라고 하는 것이 추종이에요. 점수
판이 올라가면 ETF도 비슷하게 올라가요.

✱ 추적 오차

점수판이 10점 올랐는데 ETF는 8점만 오르면 두 점의 차이가 추적 오차예요. 차이가 적을수록 '잘 따라가는 ETF'죠.

✱ 운용보수

ETF를 대신 관리해 주는 아저씨가 있어요. 이분에게 주는 관리비가 운용보수예요. 관리비가 적으면 내 돈이 더 많이 남겠죠?

✱ 거래량

거래량은 이 도시락이 얼마나 인기가 많은지 알려주는 숫자예요. 많이 팔리고 많이 사면 사람들이 "이거 괜찮네!" 하는 거예요.

✱ 유동성

유동성은 쉽게 사고 쉽게 팔 수 있는지를 말해요. 마트에서 인기 많은 과자처럼, 누구나 쉽게 사고팔 수 있으면 유동성이 좋아요.

✱ 기초자산

ETF 도시락 안에 실제로 들어 있는 과일들(기업들)이에요. 도시락이 좋아 보이면 안에 뭐가 들어있는지 꼭 봐야겠죠?

✱ 비중(Weighting)

도시락 안에서 각 과일이 차지하는 양(비율)이에요. 사과가 40%, 바나나가 20%… 이렇게요. 많이 들어 있을수록 그 과일 맛이 더 많이 나는 도시락이죠.

✱ 분배금

ETF가 들고 있던 주식들이 벌어온 용돈(배당금)을 모아서 우리에게 나눠주는 게 분배금이에요.
- 지급형: 용돈을 현금으로 받아요.

– 재투자형: 용돈을 다시 ETF 도시락을 사는 데 써요(복리효과!)

✳ 실물형 / 스왑형

– 실물형 ETF는 도시락에 진짜 과일(실제 주식)이 들어있는 거예요.
– 스왑형 ETF는 "과일을 똑같이 먹게 해줄게!"라는 약속(계약)으로
  구성돼요.
초보자에게는 실물형이 더 이해하기 쉬워요.

✳ 패시브 / 액티브 ETF

– 패시브: "점수판을 그대로 따라갈게!"
– 액티브: "점수판보다 더 잘해볼게!"라고 더 열심히 연구하는 방식.

✳ 섹터 ETF

섹터 ETF는 같은 종류의 친구들끼리 묶어놨다고 보면 돼요.
⑩ 컴퓨터 친구들만 모은 IT 섹터, 의사·병원 친구들만 모은 헬스케어
  섹터

✱ 테마 ETF

테마 ETF는 비슷한 관심사를 가진 친구들이에요.

㉠ 로봇, 우주, AI 같은 미래 기술 테마!

✱ 레버리지·인버스

이건 놀이기구 버전이라고 생각하면 돼요.

- 레버리지(2배): 롤러코스터 두 번 타는 느낌

- 인버스: 아래로 떨어질 때 올라가는 기구처럼 반대로 움직여요.

단! 어지러우니까 초보자는 조심해야 해요.

✱ NAV

NAV는 도시락 안 과일을 진짜 가격으로 모두 더한 값이에요. ETF의 '실제 가치'라고 부르기도 해요.

✱ 괴리율

도시락의 진짜 과일값(NAV)과 마트에서 파는 가격(시장가격)이 서로 다를 때 생기는 차이. 차이가 적을수록 좋은 제품이에요.

✱ 환노출 / 환헤지

해외 도시락은 달러라는 포장지가 있어요.

- 환노출: 달러 값이 오르면 ETF도 오르고, 떨어지면 같이 내려가요.
- 환헤지: 달러 영향을 없애서 더 안정적으로 만들어요.

✱ AUM(자산 규모)

얼마나 많은 사람들이 그 ETF 도시락에 돈을 모아두었는지 보여주는 숫자예요. 사람이 많으면 도시락이 사라질 걱정이 줄어들어요.

✱ 리밸런싱

도시락 안 과일이 너무 많아지거나 적어지면 골고루 맛있게 맞추는 과정이에요. ETF는 정기적으로 리밸런싱을 해요.

✱ 정기·정액 매수

- 정기 매수: 날짜를 정해두고 꾸준히 사기
- 정액 매수: 같은 금액으로 계속 사기
- ◑ 꾸준히 하면 가격이 흔들려도 평균 가격이 안정돼요.

1장

내가 아이 계좌에서
ETF를 투자하는 이유

나는 내 아이에게까지 금융문맹이라는 질병을 물려주고 싶지 않았다. 우리가 글을 알아야 사회생활을 할 수 있듯이, 돈을 이해해야 올바른 경제생활을 해나갈 수 있다. 내 아이는 자본주의의 기본 원리와 자본의 힘을 제대로 이해하는 부자가 되길 바란다. 그래서 시간이 지날수록 가난해졌던 나와 달리 제대로 돈을 벌고, 현명하게 소비하고, 슬기롭게 투자하는 온전한 성인으로 자라게 가르치리라 다짐했다.

내 아이에게 금융문맹이라는
질병을 물려주고 싶지 않아서

'이상하다. 특별히 쓴 것도 없는데 왜 통장에 돈이 없지?'

결혼한 지 6개월쯤 지났을 무렵인가. 나는 우연히 통장 잔액을 확인하고 당황스러움을 감출 수가 없었다. 내 예상으로는 적어도 500만 원 정도의 잔액이 남아있어야 했다. 하지만 내 눈에 보이는 숫자는 겨우 100만 원 남짓한 금액이었다. 지금 생각해 보면 결혼한 뒤 6개월 동안 한 번도 제대로 통장 잔액을 확인 안 해본 것도 신기하지만, 그 상황이 될 때까지 마음 편하게 일상생활을 할 수 있었다는 게 더 신기했다.

거의 바닥이 드러난 통장을 부여잡고 그제야 정신이 번쩍 들었다. 지난 6개월 동안의 거래 내역을 정리하고 어떻게 된 영문인지 차분히 살펴보았다. 결혼식이 끝나고 500만 원 정도의 현금을 가지고 신혼생활을 시작했다. 신랑과 나는 둘 다

일을 하고 있었고, 급여는 많지 않았지만 매월 제날짜에 월급을 받는 월급쟁이였다.

결혼을 준비하면서 나는 머릿속으로 계산했다. 둘이 버는 돈이 얼마, 나가는 돈이 얼마, 그래서 남는 돈이 얼마. 둘이 살기에 부족한 돈은 아니었다. 심지어 하루라도 빨리 적금을 하나 들어야겠다는 야무진 계획도 세웠다. 이런 나의 계산대로라면 6개월이 지난 시점에 통장 잔액은 적어도 500만 원보다는 많아야 했다. 근데 웬걸 500만 원은커녕 100만 원도 남아있지 않았던 것이었다. 상황이 이렇다는 건 둘이 버는 돈보다 매월 80만 원 정도는 마이너스가 나고 있었다는 의미였다.

놀란 가슴을 부여잡고 통장 거래 내역을 살펴보았다. 분명 돈이 들어오고 나가면서 마이너스가 나는 건 맞는데, 나간 내역에는 후회를 할 만한 특별한 사치성 지출은 없었다. 아파트 관리비, 통신비, 경조비, 식비, 그리고 카드값. 솔직히 카드값의 세부 명세까지 살펴보진 않았지만, 카드값이야말로 그 흔한 명품 한 번 산 적 없이 대부분 식비나 생활용품 등 살림에 필요한 소비가 거의 전부였다. 아무리 생각해도 이해가 되지 않았다. 이제 슬슬 적금이라도 하나 들어야 하지 않는지 고민하고 있던 참이었다. 그런데 적금은커녕 이대로 한 두어 달만 더 살다가는 마이너스 통장이라도 개설해야 할 상황이었다.

갑자기 막막함이 몰려왔다. 뭐라도 해야 할 것 같은데 어디서부터 뭘, 어떻게 해야 할지 머리가 멍해졌다. 지난 시간을 되짚어가면서 돈을 어디다 썼는지 곰곰이 생각해 봤다. 어차피 버는 돈은 정해져 있으니 쓰는 돈을 확인하는 수밖에 없었다. 만약 잘못된 소비가 없다면, 애초에 둘이 벌어서 생활할 수 없는 삶을 살고 있다는 의미였다. 그때까지 그걸 제대로 따져본 적도 없었다.

널브러져 있는 계좌 내역과 카드 명세서를 바라보며 한참을 생각했다. 도대체 왜 돈이 모자라는 건지, 카드값은 왜 이렇게 많이 나온 건지, 앞으로 어떻게 살아가야 할지, 막막함에 눈물이 핑 돌았다. 그러다 순간 뇌리를 스치고 지나가는 것이 있었다. 그건 바로 '외식'이었다.

외식이라고 해서 뭔가 대단한 걸 먹었다는 의미는 아니다. 7시에 퇴근해서 집에 오면 8시 30분. 그때 저녁을 먹으려고 음식을 한다는 건 사실상 쉽지 않은 일이었다. 있는 반찬을 꺼내서 대충 먹는 거로 보통 한 끼를 때우는데, 밥통에 밥이 없다면 이건 선택의 여지가 없었다. 이미 밥을 하는 시간을 기다릴 수 없는 배고픔이 도사리고 있기 때문에 밥이 없다는 사실을 확인한 순간 바로 대책을 선택하게 됐다.

하지만, 저녁을 먹었다고 해도 그게 끝이 아닌 경우가 많았다. 치킨, 닭발, 피자 등 신혼생활의 꽃은 야식이 아니던가. 신랑과 둘이서 오붓하게 야식을 먹으며 맥주 한잔하는 것이 하루를 마무리하는 의식 같은 것이었다.

주말이 되면 침대에서 도저히 일어날 수가 없었다. 10시쯤 일어나서 어슬렁거리며 근처 식당으로 가서 갈비탕이나 설렁탕 같은 부드러운 국물로 속을 달랬다. 든든하게 아침을 먹고 집으로 돌아오는 길은 행복 그 자체였다.

돌이켜보면 결혼 후 6개월 동안 마음이 편하기만 했다는 건 솔직히 거짓말이었다. 겉으로는 마냥 행복했지만, 마음 한편에는 늘 왠지 모를 불안감이 도사리고 있었다. 애써 외면했던 그 불안감의 실체가 뭔지 몰랐는데, 그게 얼마를 벌고 얼마를 쓰고 있는지조차 계산하지 않았던 나의 현실에서 오는 불안감이었다.

신혼의 삶은 생각보다 여유가 없었다. 평일은 일하고, 주말은 양쪽 집안의 경조사 챙기기에 바빴다. 무슨 행사가 이렇게 많은지, 이불과 딱 붙어 일주일의 피로를 씻어내던 결혼 전 같은 주말은 더 이상 없었다. 왜인지는 모르겠지만 결혼 전에는 챙기지 않았던 친정의 행사까지 챙겨야 하는 아이러니도 있었다.

다람쥐 쳇바퀴처럼 살다 보니 하루가, 한 주가, 한 달이 순식간에 지나갔다. 하지만, 퇴근 시간이 늦다거나, 먹고 사느라

바쁘다거나, 피곤하다거나 하는 이유로 6개월이란 시간 동안 통장 한번 확인하지 않았다는 사실을 대변할 수는 없었다. 내가 통장 한번 확인하지 않고 아무 생각 없이 편안한 생활을 할 수 있었던 이유는 단 하나였다. 나는 금융문맹이었다.

대학교를 졸업하자마자 해외 어학연수를 갔다. 조금은 늦은 나이에 취업하며 사회에 첫발을 내디뎠다. 사회생활을 하기 전까지 부모님께 용돈을 받았다. 취업한 후에도 얼마 안 되는 월급을 엄마에게 전부 보내고 용돈을 받았다. 나는 받은 용돈 안에서 크게 넘치지도, 부족하지도 않은 생활을 했다.

결혼 이야기가 오갈 즈음에도 나는 돈에 대한 개념이 거의 없었다. 결혼을 준비하려면 얼마가 필요한지, 지금 내 통장에 얼마가 있는지조차 세어본 적이 없었다. 결혼 후 두 사람의 월급으로 생활할 수 있는지 따져보는 계산조차 해본 적이 없었다. 어쩌면 어딘가에서 백마 탄 왕자님이 나타나 모든 걸 책임져 줄 거라 은근히 기대했던 걸지도 모른다. 아니면, 당시의 남자 친구가 그런 존재일 거라고 믿고 싶었던 것일 수도 있다. 사실은 나도 정확히 모르겠다.

돈에 대한 명확한 소통이나 계획 없이 결혼은 진행됐고, 시간이 갈수록 예상치 못했던 일들이 하나둘 생겨났다. 예단부터 신혼살림까지 결혼을 준비하는 모든 과정은 돈이었고, 돈에 대한 아무런 계획 없이 결혼한다는 말 한마디로 부모님께 모든 책임을 떠넘긴 나는 그 자체가 죄인이었다.

결혼하는 순간까지 투자는커녕 용돈 말고는 돈을 만져본 적도, 관리해 본 적도 없는 내가 결혼했다고 갑자기 경제관념이 생길 리 만무했다. 결혼 후에도 용돈을 받아서 생활하던 과거처럼 어떡하든 되겠다는 마음으로 현실을 외면하고 있었다.

나는 두려웠다. 어떻게 돈을 관리해야 하는 건지 몰랐다. 가계부를 쓴다고 해서 돈이 알아서 모이는 게 아니었다. 버는 건 버는 대로, 쓰는 건 쓰는 대로, 돈이 모자라면 모자라는 대로 그냥 그렇게 '정리'하는 게 돈 관리의 전부였다.

더 이상 피할 수 없는 현실이 막막했지만, 내가 할 수 있는 게 없었다. 나의 첫 직장이었던 소규모 무역회사에서는 업무 시간에 개인적인 용무로 자리를 비운다는 것은 상상조차 할 수 없었던 분위기였다. 우체국이나 병원 등 개인적인 사정으로 자리를 비우려면 윗사람에게 보고하고 허락받아야 했다. 심지어 법정 연차도 없었기에 휴가마저도 쉰다고 생각하지 못했다.

업무시간에 아무것도 할 수 없었고, 휴가를 갈 수도 없고, 인터넷 뱅킹도 발달하기 전이라 은행을 직접 방문하지 않고는 할 수 있는 일이 없었다. 엄마에게 전화해서 다급하게 사정을 얘기하고 일단 돈을 모아야 할 것 같으니, 은행에 가서 적금을 들어달라고 부탁했다. 엄마는 은행 직원이 추천해 주는 적금 2개를 가입했고, 그것이 나의 첫 재테크였다.

『존리의 금융문맹 탈출』에서 존리는 '금융문맹은 마치 질병과도 같아서, 그 전염성과 중독성이 강하다'고 말했다. 나는 언제, 왜, 어떻게 걸린 건지 이유도 모른 채, 내가 그런 질병에 걸렸다는 것도 모른 채, 그렇게 성인이 훌쩍 넘은 나이까지 금융문맹이라는 질병을 안고 살았다.

금융에 대한 이해도가 높은 사람과 그렇지 못한 사람의 삶은 시간이 지날수록 극명하게 차이가 난다. 금융을 이해하지 못한다는 것은 돈을 이해하지 못한다는 것이다. 돈을 이해하지 못하는 사람은 돈을 다룰 수가 없다. 나는 돈을 어떻게 벌고, 쓰고, 투자할 것인가에 대해 합리적인 결정을 할 수 있는 지식이 없었다.

돈을 이해하지 못했던 나는 시간이 지날수록 가난해질 수밖에 없었다. 돈을 벌고 크게 사치하지 않아도 돈이 모이지 않았다. 그러다 깨달았다. 이러다 내가 돈 한 푼 제대로 모아놓지 못한 채 가난한 노후를 맞이할 수 있다는 것을.

나는 내 아이에게까지 금융문맹이라는 질병을 물려주고 싶지 않았다. 우리가 글을 알아야 사회생활을 할 수 있듯이, 돈을 이해해야 올바른 경제생활을 해나갈 수 있다. 내 아이는 자본주의의 기본 원리와 자본의 힘을 제대로 이해하는 부자가 되길 바란다. 그래서 시간이 지날수록 가난해졌던 나와 달리 제대로 돈을 벌고, 현명하게 소비하고, 슬기롭게 투자하는 온전한 성인으로 자라게 가르치리라 다짐했다.

Key Point

결혼 후 통장 잔액을 확인하며 나는 처음으로 현실과 마주했다. 돈을 벌고 있으면서도 왜 모이지 않는지조차 알지 못한 채 살아온, 스스로가 '금융문맹'이었다는 사실이었다. 계획 없는 소비와 돈에 대한 무지는 결국 불안한 삶과 가난으로 이어질 수밖에 없다는 것도 그때 비로소 깨달았다. 그래서 나는 같은 실수를 반복하지 않기 위해, 내 아이만큼은 돈을 이해하고 스스로 경제적 선택을 할 수 있는 어른으로 키우기로 결심했다.

돈을 이해하고 관리하며
미래를 준비할 수 있는 사람이 되도록

"김 과장, 만약 김 과장에게 선택권이 주어지면 회사를 계속 다닐 건가, 아니면 위로금 받고 그만둘 건가?"

"글쎄요…. 저에게 선택권이 있는 건가요? 만약 선택하라고 한다면 뭐, 일단은 회사를 계속 다녀야겠죠."

내가 두 번의 이직을 거쳐 정착한 세 번째 회사는 한국 지사에 직원이 60명 정도 되는 글로벌 회사였다. 그곳은 작지도 크지도 않은 적당한 규모에 매년 고정적으로 나오는 성과급, 그리고 전 직원에게 제공되던 유류비 등 복지라면 남부럽지 않았던 숨겨진 보물 같은 회사였다.

그동안 회사에 다니면서 부당함과 불합리함, 노동착취에 가까운 과다 업무로 적지 않은 스트레스를 겪었다. 그런 내가 보상이라도 받듯이 만난 세 번째 회사는 그야말로 환상 그 자체였다. 편안한 근무 환경, 적당한 업무량, 거기에 높은 편인 연봉 수준에 상당한 복지혜택까지, 이런 조합의 회사가 존재할 수 있나 싶을 만큼 나는 높은 만족감을 느꼈다.

'그래, 이 정도 회사면 됐다. 이제 이직할 필요 없이 이 회사에서 아이 낳고 키우면서 은퇴할 때까지 다니면 되겠어.'

삼십 대 초반이었던 나는 출산과 육아를 앞두고 있던 예비 워킹맘이었다. 이전에 다녔던 회사에서는 아이를 낳고 계속 일을 할 자신이 없었다. 첫 회사는 소규모 무역회사로 복지라고 불릴만한 혜택이 전혀 없었다. 여기에서 복지라는 것은 대단한 것이 아니라 대한민국 노동자라면 누구나 누려야 할 노동법으로 정해놓은 기본적인 권리를 의미한다.

오전 9시부터 오후 7시까지의 초과 근무 시간부터 격주 토요일 근무, 법정 연차라는 것도 애초에 존재하지 않았다. 그곳이 첫 직장이었던 나는 내가 법적으로 1년간 15일의 유급휴가를 사용할 수 있다는 사실도 몰랐다. 나중에 알고 보니 1시간의 초과 근무와 유급휴가는 모두 급여에 포함되어 있다고 했다. 최저임금에 가까운 월급의 내역을 쪼개고 쪼개서 이 모든 항목을 수당이라는 명목으로 포함해 놓았던 것이었다.

기본적인 노무 지식이 없었던 나는 내가 부당한 대우를 받고 있는지도 모르는 상태에서 그야말로 제대로 당했다. 늦은 나이에 선택의 여지 없이 그저 나를 뽑아준 것에 감사하며 그렇게 1년을 열심히 일했다. 처음엔 몰랐지만, 회사에 다니면서 점점 이상하다는 생각이 들었다. 나의 근무시간은 왜 친구들보다 길지? 월급은 왜 이렇게 적지? 토요일은 왜 출근해야 하는 거야? 친구들은 연차를 쓴다는데 나는 왜 연차가 없지?

어느 날부터인가 먼저 취업해서 직장을 다니는 친구들과 비교가 되기 시작했다. 뭔가 이상했다. 나는 이대로 안 되겠다는 생각에 이직을 준비했다. 때마침 결혼도 계획 중이어서 결혼하고 아이를 키우면서 계속 다닐 수 있는 회사로 옮겨야겠다고 생각했다. 그러다 우연히 소규모 외국계 회사로 이직하게 됐다.

외국계 회사라니. 나는 외국계 회사에 다니게 됐다는 생각만으로도 가슴이 벅차올랐다. 1년 남짓한 경력으로 옮길 수 있는 회사가 많지는 않았지만, 확실히 신입으로 처음 취직하던 때와는 달랐다. 1~3년 경력 조건으로 채용을 희망하는 회사는 신입보다 현저히 많았기 때문이었다. 신입이었던 1년 전보다 많은 선택의 기회가 나에게 주어졌다. 하지만 연봉을 협상할 정도의 경력이나 스펙은 아니었기 때문에 이직으로 높은 연봉 인상은 기대할 수 없었다. 그 당시에는 이직 자체가 목적이었기 때문에 높은 연봉 인상을 기대했던 건 아니었지만, 그럼에도 솔직히 아쉬웠다. 나는 언제쯤 내가 원하는 연봉을 받을 수 있는 건지, 그런 날이 오기는 하는 건지, 마음 한편에는 늘 초조함이 도사리고 있었다. 나는 언제나 선택권이 없는 철저한 을의 처지였다.

그래도 외국계라는 번듯한 직장으로 옮기면서 나는 한 단계 업그레이드되었다. 노동법이 보장하는 근로자의 모든 권리를 누릴 수 있었고, 근무시간도 9시부터 6시까지였다. 아이를 낳고도 계속 근무하라는 팀장님의 말은 나의 미래를 보장받는 듯 마음을 편안하게 만들었다. 야근하면 야근 식대와 택시비도 지원된다고 했다. 이런 게 외국계 회사구나. 감동을 넘어 가슴이 뭉클하기까지 했다.

그런데 나의 감동은 딱 거기까지였다. 인수인계를 받는 첫날, 나의 환상은 와르르 무너졌다. 그 회사는 당시 한국에 법인이 설립된 지 1년 정도 된 상태였다. 직원은 7명이었고, 지사장 없이 매니저 2명으로 구성되어 있었다. 회사를 한 곳밖에 다녀보지 않은 나는 다른 회사들의 업무 환경이나 외국계 회사의 생태계 같은 건 몰랐다. 첫 회사는 근무조건이 최악이었지만, 여하튼 야근이라는 개념이 없었다. 퇴근 시간 7시가 이미 1시간 초과 근무였지만, 7시를 넘어서 야근할 일은 단 한 번도 없었다.

1년 남짓한 경력에 야근 문화를 경험해 보지 않은 나에게 인수인계 첫날은 가히 충격에 가까웠다. 퇴근 시간인 6시가 다 되도록 아무도 퇴근할 기미가 보이지 않았다. 6시를 넘어 7시, 8시가 되어도 상황은 마찬가지였다. 9시가 넘어갈 무렵 급기야 나는 인수인계를 해주던 전임자에게 조심스럽게 물어보았다.

"대리님, 죄송한데 퇴근은 안 하시나요? 왜 아무도 퇴근을 안 하는 거예요?"
"아, 모르셨구나. 퇴근하셔도 돼요. 근데 보통은 일이 많아서 퇴근을 잘 못해요. 아마 일해보시면 알 거예요."

엥? 이게 무슨 소리야? 퇴근은 해도 되는데 퇴근을 못 한다고? 심지어 내 전임자는 출산 때문에 회사를 그만두는 상황이라 만삭에 가까운 임부였고 집은 인천이었다. 회사는 강남역이었으니까 집까지 적어도 1시간은 넘게 걸린다. 만삭의 임부가 밤 10시 넘어서까지 일을 하고, 자정이 다 되는 시간에 집에 가서 씻고, 자고, 다음날 9시까지 출근을 하는 상황이었다.
그런데 더 충격적인 건, 이 상황이 너무 자연스럽고, 아무도 신경을 쓰지 않는다는 것이었다. 심지어 본인조차도 너무 당연한 듯 얘기해서 내가 오히려 어찌해야 할지 당황스러웠다. 아이를 낳고도 계속 일하라더니, 전임자는 과도한 업무량과 야근으로 인해 결국 퇴사를 결정할 수밖에 없었다는 얘기를 듣고 나니 헛웃음이 나왔다.

첫날의 충격을 안고 다음 날 출근을 했다. 10시가 넘어서까지 사무실에 남아있던 사람들은 9시가 되기 전에 하나둘 출근을 한 뒤 일을 시작했다. 인수인계를 받는 일주일 동안 이 상황을 어떻게 받아들여야 할지 생각이 정리되지 않았다. 그런 와중에 전임자는 퇴사했고, 그 일은 온전히 나에게 맡겨졌다.

막상 전임자 없이 혼자 업무를 맡아보니, 예상했던 것보다 업무량은 훨씬 더 많았다. 매일 쏟아지는 메일과 전화를 감당하기가 힘들었다. 집에 갈 수가 없었다. 일주일이 지나고 한 달이 지나던 어느 날, 야근을 하다가 갑자기 눈물이 왈칵 쏟아졌다. 아, 내가 지금 뭐 하고 있는 거지? 내가 왜 이러고 있는 거야? 나 앞으로 어떡해야 해? 갑자기 막막함과 분노가 가슴 깊은 곳에서 솟구쳤다. 애초에 한 명이 감당할 수 없는 양의 업무를 맡겨놓고 6시에 퇴근해라, 휴가 가라, 애 낳고도 계속 다녀라, 이러고 있는 것이었다.

생각 같아서는 당장이라도 일을 그만두고 나오고 싶었지만, 그럴 수는 없었다. 첫 회사에 입사했을 때만 해도 1년 3개월 만에 회사를 그만둘 수 있었다. 충분히 이직할 수 있다는 자신감이 있었기 때문이었다. 그리고 이곳으로 오기 전에 잠시 다녔던 곳이 있었다. 첫 회사를 그만두고 바로 이직한 곳이었는데 5일 일하고 바로 그만뒀다. 첫 회사보다 더 형편없는 곳이라는 판단에서였다.

첫 회사 경력 1년 3개월, 그리고 이력서에 넣을 수도 없는 5일의 경력이 내가 가진 전부였다. 이번엔 무슨 일이 있어도 3년은 채워야 했다. 이 상태에서 퇴사한다면 다시 이직할 자신이 없었다. 몇 개월에 한 번씩 울어가면서 악과 깡으로 2년 7개월을 버텼다. 처음 영업팀으로 들어왔던 나는, 그 사이에 미국 회계사 자격증 과정을 이수하며 회계팀으로 부서를 전환했다. 버텼기 때문에 잡을 수 있었던 기회였다.

드라마 같은 4년의 세월을 뒤로 하고 회계 경력자로 당당하게 이직한 곳이 세 번째 회사였다. 그동안 거쳤던 회사들의 경험을 바탕으로 바로 느낄 수 있었다. 이곳은 진짜다. 이런 회사라면 나는 이제 더 이상 이직할 필요가 없겠다. 여기서 뼈를 묻자.

나는 세 번째 회사에 입사한 지 얼마 지나지 않아 첫째를 낳고, 3년 뒤 둘째를 낳았다. 일을 하면서 아이를 키우는 워킹맘으로 살기에 더없이 완벽한 삶이었다. 이대로 두 아이를 키우며 안정적으로 살면 되겠다고 생각했다.

그러던 어느 날이었다. 늘 그랬듯이 모닝커피를 마시며 여유 있게 회사 메일을 확인했다. 천천히 마우스 스크롤을 내리며 메일을 스캔하고 있는데, '인수합병'이라는 제목이 눈에 띄었다. 긴장되는 마음으로 메일을 열어보았다. 그 메일은 다름 아닌 회사가 인수합병이 됐다는 내용의 공지문이었다.

그날 이후 완벽했던 나의 삶은 와르르 무너졌다. 일과 가정의 균형을 맞춰가며 안정적인 삶을 살고 있었던 나는 하루아침에 고용 승계가 될지, 구조조정이 될지 모르는 파리목숨이 되었다.

시간이 흐를수록 인수당한 회사의 직원들은 구조조정이 될 것이라는 소문이 기정사실로 되어갔다. 혹시라도 고용 승계가 되지 않을까 하는 희망은 사라진 지 오래였다. 그런 상황에서 상사가 나를 불러 회사를 계속 다니고 싶은지 아니면 위로금을 받고 그만두고 싶은지 물었다. 그 순간 본능적으로 이 질문이 형식적인 절차에 불과하다는 생각이 들었다. 내가 회사를 계속 다니고 싶다고 한들 이미 결과는 정해져 있을 테니까.

생각 같아서는 어차피 얘기해도 달라지지 않을 거 쿨하게 위로금 받고 그만두겠다고 말하고 싶었다. 하지만 혹시나 하는 마음에 나는 결국 회사를 계속 다니고 싶다며 비굴하게 말했다. 그 일이 있고 난 뒤 며칠 후 상사로부터 예견된 소식을 전해 들었다. 우리 팀이 가장 먼저 구조조정 대상자가 됐다는 것이었다.

한 명씩 인사팀으로 불려 가 긴 설명을 듣고 여러 장의 서류에 사인을 했다. 십여 분의 시간 동안 모든 절차는 마무리되었다. 그날은 아무 일도 손에 잡히지 않았다. 만감이 교차했다. 이미 예상했던 결과였지만, 예상했던 것보다 심리적인 충격이 크게 다가왔다. 하지만 그보다 더 크게 다가왔던 건 경제적인 불안감이었다. 위로금을 받는다고는 하지만 앞으로 수입이 끊긴다는 건 그동안 생각해 보지 못했던 상황이었다.

막연하게 언제까지나 돈을 벌 수 있다고 생각했다. 살면서 돈을 벌 수 없는 상황에 대해 깊이 생각해 본 적이 없었기에 크게 모아놓은 돈도 없었다. 그때그때 소비하며 적당히 살아왔다. 만약 나에게 돈을 벌지 않아도 될 만한 여유자금이 있었다면, 지금 상황이 이 정도로 비참하고 막막했을까? 왜 나는 돈이 없을까? 내가 번 돈은 다 어디에 있는 거지? 명확한 목표 없이 흐지부지 돈을 쓰며 살았던 지난 시간이 주마등처럼 스쳐 갔다.

구조조정을 당하던 날, 혼자 사내 카페에 앉아 하염없이 창밖을 내다보며 지난 시간을 떠올렸다. 밥값을 계산하고, 해외여행을 다니던 순간들을 하나하나 기억 속에서 꺼내보았다. 얼마든지 돈을 모을 수 있었음에도 모으지 못했던 지난 시간은 쏟아진 물처럼 다시 주워 담을 수 없었다. 휴대폰을 열어서 사진첩에 있는 사진들을 넘겨봤다. 그곳에는 신나게 먹고 마시며 여행 다니던 수많은 추억이 담겨있었다. 하지만 현실의 나는 당장 수입이 끊기면 먹고살 걱정을 해야 하는 돈의 노예에 불과했다. 나 자신이 한심했다.

그 순간, 마음 깊은 곳에서 묵직한 현실이 또렷하게 다가왔다. 이렇게 살면 안 되겠다는 생각이 처음으로 분명해졌다. 막막함도 있었지만, 어쩐지 새로운 시작을 예고하는 작은 희망 같은 것도 느껴졌다.

나는 창밖을 바라보며 조용히 다짐했다. 더 이상 돈에 끌려다니지 않겠다고. 이제는 내가 돈을 이해하고 관리하며 미래를 준비할 수 있는 사람이 되어야 한다고. 지난 시간은 되돌릴 수 없지만, 앞으로의 선택은 내가 다시 써 내려갈 수 있다는 사실을 그제야 깨달았다.

Key Point

열악한 근무 환경과 반복된 야근, 그리고 버팀 끝에 찾은 안정적인 직장마저 인수합병으로 하루아침에 무너졌다. 구조조정을 겪으며 언제든 수입이 끊길 수 있다는 현실과, 돈을 모아두지 않았던 과거의 선택이 만든 경제적 불안을 처음으로 뼈저리게 마주했다. 그날 이후 나는 돈에 끌려다니는 삶을 끝내고, 스스로 돈을 이해하고 관리하며 미래를 준비하는 사람이 되겠다고 다짐했다.

유대인 자녀의
경제교육법에서 배우다

EBS「세계의 교육 현장」프로그램에서 미국의 유대인 가정 교육에 대한 주제를 다뤘다. 나 역시 자녀 교육에 관심이 많았기에 흥미롭게 방송을 보았다. 시작은 말하는 공부법 하브루타나 남과 다르게 키우는 창의 교육, 밥상머리 교육에 관한 내용이었다. 그러다 유대인 자녀들의 성인식에 관한 이야기가 나왔는데, 성인식날 상당한 액수의 돈을 준다는 축의금 문화가 신선하게 다가왔다. 나는 유대인 성인식이 궁금해서 좀 더 자세히 알아보았다.

유대인 아이들은 열세 살이 되면 '바르미츠바'라 불리는 성인식을 한다. 정확하게 말하자면, 바르미츠바(Bar Mitzvah)는 아들이 만 13세가 되었을 때 치르는 성년식이고, 바트미츠바(Bat Mitzvah)는 딸이 만 12세가 되었을 때 치르는 성년식이다. 여기서 'Mitvah'는 '계명'을, 'Bar/Bat'은 '~의 아들/딸'을 의미한다. 즉, 계명의 아들/딸이 되었다는 선언으로, 이제 아이는 유대교 율법을 지켜야 하는 성인으로 인정받는다.

여기서 흥미로운 점은 성인식이 1년가량을 준비하는 성대한 의식으로 치러진다는 것이다. 이날에는 성년을 맞은 아이를 축하하기 위해 부모뿐 아니라 많은 친척과 친구들, 그리고 공동체 전체가 함께 모여 하나의 큰 축제를 연다. 의식이 끝나면 음악과 춤, 풍성한 식사가 어우러진 잔치가 이어지고, 이 자리에서 아이는 부모와 공동체로부터 첫 번째 성인 선물을 받는다. 바로 성경책, 손목시계, 그리고 축의금이다.

성년식에서 가장 전통적이고 중요한 선물은 『토라(성경책)』로, '이제부터 너는 스스로 옳고 그름을 판단하고, 율법에 따라 살아야 한다'라는 의미를 담고 있다. 시계는 단순히 시간을 알려주는 도구가 아니라, '이제부터는 네 시간의 주인이 되어야 한다'라는 뜻을 담고 있다. 유대인들은 시간을 관리하는 능력이 곧 인생을 관리하는 능력이라고 믿기 때문이다. 마지막으로 눈길을 끄는 것이 축의금 문화다.

성인이 된 유대인 아이들은 이날 하객들로부터 마치 결혼식 축의금과 같은 성인식 축의금을 받는데, 그 금액이 상당히 큰 액수다. 뉴욕 일반 직장인의 평균 축의금은 1인당 200달러 정도라고 알려져 있다. 축하객이 100명이라고 치면 약 1만 달러에 달한다. 게다가 가까운 친척들은 이보다 더 내고, 할아버지 할머니도 유산을 물려준다는 생각으로 목돈을 건네는 경우가 많다. 상황이 이렇다 보니 뉴욕 중산층이 성인식을 하면 평균 5~6만 달러가 모이기도 한다.

이 돈은 모두 성인이 된 주인공의 몫이다. 부모와 공동체는 축의금을 통해 자녀에게 돈의 세 가지 목적을 가르친다.

1. 저축(Saving) - 미래를 준비하라.
2. 투자(Investing) - 돈이 일하게 만들어라.
3. 기부(Giving) - 공동체와 나누어라.

실제로 많은 유대 가정에서는 성년식 축의금의 일부를 기부금으로 사용하게 하고, 나머지는 저축이나 투자 계좌를 개설하는 데 활용한다. 이 과정을 통해 아이는 자연스럽게 경제적 자립심과 재정 관리 능력을 배우게 된다.

즉, 유대인의 성년식은 단순히 어른이 되는 의식이 아니라, 지혜롭게 사고하고, 시간을 관리하며, 돈을 다루는 성인으로 성장하라는 가정과 공동체의 메시지가 담긴 총체적 인생 교육의 장이다.

유대인 가정의 전통을 들으며 많은 생각이 들었다. 나는 막연하게 내 아이가 스스로 홀로서기를 할 수 있는 자립형 인간으로 자라길 바랐다. 그랬기 때문에 유아기에도 아이 스스로 할 수 있는 일은 기다려 주었고, 아이의 결정을 최대한 존중해주었다. 부모로서 내가 원하는 점을 얘기하지만, 아이와 의견이 충돌할 때는 최대한 타협점을 찾아 나은 방향으로 합의하려고 노력했다. 그런데 가장 중요한 것이 빠져 있었다. 바로 '경제교육'이었다.

홀로서기라는 것은 스스로 바로 선다는 의미이다. 아이가 부모에게서 자립하지 못하는 가장 큰 이유는 바로 '돈' 때문이다. 부모로부터 경제적인 독립을 해야 아이가 독립된 인간이 될 수 있는 것이다. 그런데 나는 정작 자립의 핵심인 '돈'에 대한 생각을 하지 못했다.

유대인 성인식 축의금으로 받은 돈은 모두 성인이 된 아이들의 몫이다. 유대인 부모는 투자에 관해 조언해 주되 이 돈을 자녀에게 직접 맡긴다. 아이들은 어린 나이부터 예금과 주식, 채권 등에 분산투자하는 자산 포트폴리오를 스스로 짜고 계획하는 법을 익힌다. 이 과정에서 자연스럽게 실물 경제나 금융에 관해 관심이 커지고 경제 감각이 길러진다.

뉴욕 중산층의 성인식 축의금이 평균 5~6만 달러라고 가정할 때, 이 돈은 아이가 사회에 나갈 때쯤이면 곱절 가까이 불어난다. 20대 초반에 대략 1억 원 이상의 종잣돈을 갖고 사회생활을 시작하는 셈이다. 정신적 자립뿐만 아니라 물질적 자립까지, 내가 원하는 진정한 자립이 이루어지는 것이다.

아이에게 어떻게 경제교육을 해야 할까? 여기서부터 나의 고민은 시작되었다. 유대인의 교육법을 통해서 내가 얻은 힌트는 돈은 버는 것이 아니라 불리는 것이라는 사실이다. 아이에게 돈을 많이 버는 것과 더불어 잘 관리하는 법도 가르쳐야 한다는 생각이 들었다. 돈을 벌 수 있는 능력과 스스로 돈을 관리하는 능력까지 갖추어 사회에 내보내는 것이 부모의 책임인 것이다.

여기서 솔직히 고백하자면 『탈무드』에서 말하는 돈은 버는 것이 아니라 불리는 것이라는 사실은 나에게도 생소한 개념이었다. 이제껏 돈은 버는 것으로 생각했지 한 번도 불리는 것이란 생각을 해본 적이 없었다. 게다가 나 역시 돈 관리를 제대로 하지 못해 후회를 일삼는 금융문맹이 아니었던가. 내가 모르는 것을 아이에게 가르칠 수는 없었다. 자녀 경제교육에 앞서 돈을 불린다는 것이 어떤 의미인지, 돈을 잘 관리하려면 어떻게 해야 하는지, 엄마인 나의 경제 공부가 무엇보다 시급하다는 것을 깨달았다.

돈을 불린다는 것에 한참 몰입해 있던 그때, 나는 '세계를 움직이는 가문'이라 불리는 로스차일드 가문을 알게 됐다. '유럽 금융의 왕'이라고도 불리는 로스차일드 가문은 유대인의 경제교육이 얼마나 실질적인 힘을 가지는지 보여주는 대표적인 사례이다.

로스차일드 가문의 시작은 18세기 독일 프랑크푸르트의 게토(유대인 거주지)에 살던 마이어 암셀 로스차일드(Mayer Amschel Rothschild)에게서 비롯된다. 그는 평범한 금세공인 아버지 밑에서 자랐지만, 어릴 적부터 돈의 흐름, 신용, 그리고 인간의 신뢰가 금융의 핵심임을 배웠다. 당시 유대인들은 차별로 인해 토지나 공무원 진출이 제한되었기에, 자연스럽게 금융, 무역, 보석상, 환전업으로 생계를 이어갔다. 이 속에서 돈을 다루는 감각이 문화로 자리 잡았고, 로스차일드 역시 어려서부터 거래와 장부를 배우며 자랐다.

성인이 되어 유대계의 대표적 금융회사이자 국제 금융계의 거물로 알려진 로스차일드는 자신의 자녀들을 유럽 전역의 5개 거점으로 파견해 사업을 분산했다. 리스크를 분산하기 위함이었다. 여러 국가에 분산투자한 로스차일드는 250년이 지난 지금까지도 석유와 다이아몬드, 금, 우라늄, 와인, 백화점, 국제금융 등 세계 곳곳에서 다국적 거대 사업까지 펼치며 전 세계를 장악하고 있다. 역사의 폭풍 속에서 수많은 부자가 흩어지고 사라졌지만, 로스차일드 가는 철저한 분산투자로 250년간 불사조로 살아남았다.

돈을 불린다는 것이 이런 것이구나. 자산 배분을 통해 리스크를 분산한다면 위험에서도 살아남을 수 있다. 여기에 나이가 어려 시간이 풍족한 아이들은 시간이 주는 선물인 '복리'의 혜택까지 받을 수 있다. 나는 어린 자녀가 제대로 된 투자 개념을 갖게 된다면 엄청난 부를 거머쥘 수 있을 것이라는 확신이 들었다.

대한민국의 많은 청년들이 복리의 개념조차 제대로 알지 못한 채 사회에 진출한다. 사회가 요구하는 온갖 스펙을 갖춰 어렵사리 좁은 취업 문을 통과해 돈을 벌기 시작한다. 하지만 그저 공부만 잘하는 아이로 키워진 아이들은 경제적 자립을 위해서 또 다른 관문을 통과해야 한다.

아이의 삶에 복리 효과를 좀 더 빨리 적용한다면 어떨까? 원금에 붙은 수익에 또 수익이 붙어 복리로 늘어나는 원리를 어린 자녀에게 적용한다면, 아이의 미래는 탄탄할 수밖에 없을 것이다.

그래 바로 이거다. 자산 배분을 통해 리스크를 분산하고, 아이를 위해 복리를 활용하자. 자산 배분과 복리의 원리를 아이에게 전해준다면, 아이는 훨씬 더 윤택한 삶을 살 수 있을 것이다.

Key Point

유대인 성인식과 경제교육을 통해, 돈은 단순히 버는 것이 아니라 저축·투자·기부로 관리하고 불려야 한다는 철학을 알게 되었다. 아이의 진정한 자립은 경제적 독립에서 시작되며, 이를 위해서는 어린 시절부터 돈을 직접 다뤄보고 자산 배분과 투자의 개념을 익히는 교육이 필요하다는 깨달음에 이르렀다.

대출로 시작하는
사회초년생이 되지 않도록

　오랜만에 예비 사회초년생과 함께 일할 기회가 있었다. 회사에서 재무 업무를 담당하는 나는 매년 회계감사를 받는다. 보통 세 명의 회계사가 필드에 나오는데, 한 명의 책임자와 두 명의 스태프로 구성된다. 과거에 대형 회계법인에서 감사받을 때는 구성원 중 한두 명은 갓 입사한 신입 회계사들이었다. 그런데 로컬 법인으로 옮기고 난 후에는 신입 회계사를 만날 기회가 거의 없었다. 대형 회계법인에서 경력을 쌓고 로컬 법인으로 옮기는 경우가 많기 때문일 것이다.

　재직 중인 회사도 경력직 위주로 구성되어 있다 보니 언젠가부터 사회초년생을 만날 일이 없었다. 그러다 올해 졸업을 앞둔 인턴 회계사가 감사팀에 스태프로 나온 것이었다. 오랜만에 사회생활을 앞두고 설렘에 가득 찬 사회초년생을 보니 감회가 새로웠다. 지난날의 아쉬움과 함께 만감이 교차했다.

아, 내가 저 시절로 다시 돌아간다면 얼마나 좋을까. 내가 만약 저 시절로 다시 돌아간다면 무조건 연금저축 먼저 시작하겠지. 돈 모을 수 있는 기회가 참 많았는데…. 이런저런 생각을 하며 혹시라도 내가 꼰대 같은 잔소리를 하게 될까 봐 조심하고 있던 찰나였다.

다 함께 점심을 먹으며 이런저런 얘기를 하는데, 인턴 회계사가 사회생활을 시작하면 독립하고 싶다고 말했다. 나는 집이 지방이라 독립하려는 것이겠거니 생각했는데, 듣고 보니 본가도 서울이고 회계법인도 서울이라는 것이었다. 현재 살고 있는 집에서 출퇴근이 가능한데 굳이 독립을 하려는 이유가 뭘까? 그냥 혼자 한번 살아보고 싶은 건가? 나는 궁금한 마음에 조심스레 물어보았다.

"본가가 서울이면 출퇴근이 가능할 텐데, 굳이 독립할 이유가 있나요?"

"자유죠. 혼자 집에서 편안하게 마음껏 자유를 누리고 싶습니다."

"자유라…. 자유 좋죠. 근데 혼자 사는 거 만만치 않을 텐데요."

"사실 제가 독립하려고 고민하는 이유가 버팀목 전세자금 대출 때문인 것도 있습니다. 정식 회계사가 되면 급여 조건이

안 맞게 돼서 대출받으려면 지금 받아야 하거든요. 이게 이자가 1.5% 정도라 쌉니다."

나의 예상과 달리 대출받기 위해서 독립을 고민한다는 그의 말을 듣고 의아했다. 얼마나 대단한 조건이길래 대출받기 위해서 이렇게까지 진지하게 독립을 고민하는 걸까. 나는 인터넷에서 '버팀목 전세자금 대출'을 검색해 봤다. 검색 결과는 주택도시기금에서 운영하는 사이트로 연결됐다. 여기에 '청년 전용 버팀목 전세자금'이라는 상품이 있었다. 그가 말했던 상품이었다.

대출 대상: 부부 합산 연 소득 5천만 원 이하, 순자산 가액 3.37억 원 이하 무주택 세대주(예비세대주 포함)

대출 금리: 연 2.2~3.3%(2025년 12월 13일 자 기준)

대출 한도: 최대 1.5억 원 이내(임차보증금의 80% 이내)

대출 기간: 2년(최장 10년 이용 가능)

인턴 회계사가 알고 있는 것과 달리 대출 금리는 1.5%가 아니라 2.2~3.3% 조건이었다. 최대한도인 1억 5천만 원을 3.3%로 대출받는다면 연간 495만 원, 매월 412,500원씩 이자를 내야 한다. 3.3%가 아니라 그가 알고 있는 1.5%로 계산을 해도 매월 187,000원은 이자가 발생한다. 이자도 이자지만, 아직 사회생활을 시작하기도 전에 대출 먼저 고민하는 젊은이의 모습이 놀라웠다. 그런데 놀라운 건 이것뿐만이 아니었다.

다음날 점심시간, 우연히 미국 주식 이야기가 나왔다. 요즘 미국 시장이 좋다, 이럴 때 투자해야 한다며 너도나도 아쉬움을 토해냈다. 그때 삼십 대 중반의 책임 회계사가 미국 주식을 처음 했을 때 마이너스 통장 2천만 원으로 시작했다고 말했다. 회계사라는 직업이 그래도 소득이 높은 직업이고 결혼도 하지 않았을 텐데, 주식 투자하려고 마이너스 통장을 이용했다니 이 또한 묻지 않을 수 없었다.

"그동안 모아놓은 돈도 있을 것 같은데, 왜 대출받아서 주식을 했어요? 2천만 원이면 엄청 큰돈이잖아요."
"아, 그때 미국 주식이 갑자기 떨어져서 주위에서 지금 매수해야 한다고 했었어요. 근데 이미 다른 데 투자하고 있어서 현금이 없다 보니 대출받았죠. 마이너스 통장을 열어둔 게 있었거든요."

그 얘기를 듣고 앞에 앉아 있던 인턴 회계사가 마이너스 통장에 관한 이야기를 시작했다. 회계사 시험에 합격하면 마이너스 통장 1억 한도가 바로 나온단다. 근데 본인은 1억까지는 무섭고 2천만 원 정도만 연다고 했다. 심지어 옆에 있던 다른 인턴 회계사는 이미 대출 200만 원을 받았다며, 손가락 두 개를 V자 모양으로 내밀었다.

"부모님께서 학비며 용돈 다 지원해 주신다면서 대출받은 이유가 뭐예요?"

"친구들이 밥 사라고 하는데 취업하면 월급 나오니까 일단 마이너스 통장으로 대출받아서 밥도 사고 이래저래 썼어요."

"엥? 친구들한테 밥 사느라고 대출받았다고요?"

나는 강한 충격을 받았다. 내가 놀라서 되묻자, 옆에 있던 인턴 회계사도 거들었다. 시험 합격하면 주위 사람들에게 밥한 번씩 사야 하긴 한다. 더군다나 방학 때 이렇게 일하고 개학하면 친구들이 더욱더 밥을 사라고 아우성친다. 그래서 일단 마이너스 통장에서 끌어다 쓰는 거다. 어차피 정식으로 취업해서 갚으면 되니까.

도대체 이게 무슨 얘기인지 도통 이해가 가지 않았다. 그동안 공부하느라고 고생한 건 본인인데 시험에 합격했다고 왜밥을 사야 하는 건지, 게다가 돈이 없으면 없다고 하든가 아니면 취업해서 산다고 하면 될 것을 왜 대출까지 받아 가면서까지 밥을 사야 하는 건지 말이다. 이런 현상이 요즘 젊은이들의 트렌드인가 싶어 인터넷 기사를 검색해 봤다. 그러다 눈에 띄는 기사를 발견했다.

2024년 10월 17일 아시아타임즈 「빚으로 버티는 사회초년생 '햇살론' 급증」 기사에 따르면 최근 5년간 근로자 햇살론은 같은 기간 3조 272억 원에서 3조 4,342억 원으로 13.4% 늘었고, 햇살론 유스의 경우 2020년 2,234억 원에서 지난해 3,016억 원으로 35% 증가했다. 문제는 대출을 제때 갚지 못해 정부가 대신 빚을 갚아주는 대위변제율도 가파르게 상승하고 있다는 점이다.

정직원으로 취업하기 전에 대출 먼저 받았다는 인턴 회계사의 얘기가 이들만의 문제가 아니었다. 나도 모르는 사이에 사회초년생들의 빚은 이미 사회적인 문제로 떠오르고 있다. 힘들게 공부해서 회계사 자격증까지 취득한 이들이 월급 받아서 돈을 모으는 기쁨을 누리기도 전에 마이너스 통장 먼저 개설하는 현실이 안타깝다.

어려서부터 돈 관리에 대한 훈련을 받지 못한 우리나라의 젊은이들 가운데 젊은 시절 수입의 소중함을 모르고 과소비와 빚의 덫에 빠져 허우적대는 경우가 많다. '어떻게 되겠지', '월급받아서 갚으면 되지', '남들도 다 이렇게 사는데 뭐'라는 자기 위안으로 서서히 돈의 노예가 되어간다.

나는 아이에게 돈을 많이 버는 것보다 잘 관리하는 법을 가르치고 싶다. 열심히 공부해서 회계사가 되는 것도 좋지만, 그와 별개로 돈을 잘 관리해서 자신의 인생을 스스로 꾸려갈 수 있도록 도와주고 싶다. 소비의 즐거움보다 저축의 즐거움을 먼저 느끼고, 마이너스 통장을 개설하기 전에 연금저축 계좌를 먼저 개설하길 바란다.

어린 시절 투자를 일찍 시작하면 성인이 되기 전 돈이 복리로 불어나는 경험을 할 수 있다는 장점이 있다. 11세에 주식 투자를 시작한 워런 버핏이 다시 태어나면 7세 때부터 하겠다는 이유가 여기에 있는 것이다. 자신의 저축액이 복리로 불어나는 것을 본 아이들은 돈의 소중함을 알게 되어 빚으로 소비하는 선택을 쉽게 하지 않을 것이라 나는 믿는다.

Key Point

사회초년생들이 독립·투자·소비를 이유로 대출과 마이너스 통장을 너무 쉽게 선택하는 현실을 직접 목격하며 큰 충격을 받았다. 빚으로 시작하는 사회생활은 결국 돈의 노예가 되는 지름길이며, 이는 어려서부터 돈 관리 교육을 받지 못한 결과라는 생각이 들었다. 그래서 나는 아이에게 대출보다 저축과 투자를 먼저 배우게 해, 아이가 빚이 아닌 복리로 미래를 키워가는 어른으로 자라길 바란다.

내 아이가 경제적인 이유로 꿈을 포기하지 않도록

나는 마흔이 되던 해에 직장을 다니면서 자격증 시험을 준비하는 직장인 수험생이 됐다. 이 시험은 애초에 합격까지 최소 2년 이상은 걸린다고 예상했던 장기간 프로젝트였다. 학원을 알아보고 과정 선택을 위한 상담을 받았다. 나는 이미 한 번 도전했던 시험으로 과정 전체에 대한 큰 그림은 갖고 있었다. 이 과정은 학원비가 만만치 않기 때문에 시작 시점에 현명한 선택을 해야 한다. 그렇지 않으면 예상치 못했던 추가 비용이 계속 들어갈 수 있기 때문이다.

상담원이 과정 안내문이 담긴 몇 장의 홍보물을 테이블 위에 펼쳐 보여주었다. 과정은 크게 두 가지로 구분되어 있었다. 종합반과 단과반. 종합반은 오프라인과 온라인으로 나뉘어 있었다. 오프라인에는 온라인이 포함되어 있고, 온라인은 온라인만 수강할 수 있기 때문에 오프라인과 온라인 수강료는 백만 원 이상 차이가 났다. 거기에 온라인 과정 수강 기간이 1년과 3년으로 나뉘어져 있어 여기서도 수강료에 차이가 발생했다. 결국 과정 중에서 종합반 온라인 1년 과정 수강료가 가장 싸고, 오프라인 3년 과정이 가장 비쌌다.

나이가 들어서 공부하니 좋은 점은 경제적인 여유가 있다는 것이었다. 취준생 시절에는 학원비를 비롯해 책 한 권도 다 부모님께 용돈을 받아야 해서 항상 눈치가 보였다. 필요한 건 다 지원받았지만, 받을 때마다 마음이 편할 리가 없었다. 어떻게든 돈을 아끼려고 했고, 돈이 필요할 때마다 신경이 예민해지곤 했다. 하지만 내가 번 돈으로 공부하니 경제적인 부분에 있어서는 확실히 마음이 편했다.

그 당시 직장인이었던 나는 합격에 대한 자신감은 없었지만, 경제적인 여유는 있었다. 그래서 돈이 들더라도 뭐든지 가장 보수적인 선택을 했다. 종합반에 오프라인, 그리고 기간 3년. 3년이 지나면 어떻게 되는지, 추가로 수강하게 되면 가격은 얼마인지, 기간 연장이 가능한지 확인했다. 애초에 계산했던 것보다 비용이 많이 들 거라고 생각했고, 그에 대한 마음의 준비를 단단히 했다.

반면에 전업으로 시험만 준비하는 취준생의 경우 온라인 1년 과정의 유혹에 빠질 수 있다. 경제적인 여유가 없어서 1년 안에 시험에 합격하겠다는 무리한 계획을 세우기 때문이다.

할 수 있다는 자기 확신으로 모든 비용을 최소한으로 잡고 패기 있게 도전한다. 내가 만난 어린 친구 중에 이런 경우가 꽤 많이 있었다. 그중에서 기억에 남는 한 청년이 있다.

그는 대학을 졸업하고 워킹홀리데이로 호주에서 2년 동안 일을 했다. 거기서 번 돈으로 학자금 대출 남은 금액을 상환하고, 남은 돈으로 미국 회계사 자격증을 따려고 도전하고 있었다. 애초에 부모님께 도움을 요청할 수 없는 상황이라 돈이 떨어지기 전에 합격해야 한다며 각오를 다졌다. 내 예상대로 온라인 종합반 1년 과정을 끊고 1년 안에 합격을 목표로 앞만 보며 질주하고 있었다.

그 당시 나는 이런 친구들에게 긍정적인 자극을 많이 받았다. 나이가 나보다 한참 어린데도 불구하고 이렇게 자립심이 강하고 독립적인 정신력과 강한 의지라니. 나도 정신 차리고 열심히 해야겠다며 각오를 다졌다. 그런데 사람 일이라는 게 본인의 열정과 계획대로만 흘러가는 게 아니었다. 당연한 진리겠지만, 나는 이 시기에 그 어느 때보다도 이것을 몸소 체험했다.

1년 안에 시험에 합격하겠다던 그 친구는 본인의 자금 사정에 맞게 모든 계획을 빡빡하게 세웠다. 미국 회계사 시험은 학원 수강료가 비쌀 뿐만 아니라, 시험 응시료 또한 비쌌다.

게다가 시험을 미국령에서 봐야 했기 때문에(지금은 한국에 시험장이 생겼음), 시험을 보러 가기 위한 부대 비용까지 계산하면 기본 100만 원 이상은 들었다. 시험을 한 번에 붙는 것과 그렇지 않은 것의 비용 차이는 하늘과 땅 차이였다.

그는 굉장한 열정과 목표 의식으로 흐트러짐 없이 1년을 질주했다. 나는 이대로라면 그의 계획대로 1년 만에 합격하리라고 믿어 의심치 않았다. 그렇게 1년이 지났다. 1년이라는 시간은 수험생에게 생각보다 짧은 시간이었다. 계획대로라면 모든 과정을 이수하고 복습까지 마친 후 시험을 응시하러 가야 했다. 하지만 복습은커녕 정규 과정도 간신히 마친 상태였다. 애초에 세웠던 계획은 수정돼야 마땅했다. 좀 더 시간이 필요하지 않겠냐는 나의 물음에 그가 말했다.

"저는 더 이상 시간을 끌 수가 없어요. 현재 시험 한 번 볼 수 있는 비용이 남았는데, 이번에 안되면 그냥 취직해야 하거든요. 부모님께서도 지원해 주실 수 있는 상황이 아니어서 어쩔 수가 없습니다."

안타까웠지만, 마음속으로 응원하는 수밖에 없었다. 준비가 덜 돼 보이긴 했지만, 그래도 누구보다 열심히 했으니, 행운이 따르길 바랐다. 그는 시험을 여러 번 보러 갈 수 있는 상황이 아니라며 무리하게 4과목을 한 번에 응시했다. 미국 회계사 시험은 크게 4과목으로 되어있고, 한 번에 1과목씩 시험을 나눠서 볼 수 있다. 일반적으로 시험 비용과 합격 과정을 고려해서 한 번에 2과목씩 나눠서 시험을 보는 경우가 많다. 이런 상황에서 4과목을 한 번에 응시한다는 건 그것 자체로도 무리한 일이었다.

시험 결과가 발표됐고, 그는 1과목 합격에 3과목 불합격으로 미국 회계사의 꿈을 포기했다. 사실 바로 포기한 것은 아니었고, 돈을 벌면서 다시 도전해 보겠노라며 막노동 일을 시작했다. 낮에는 막노동 일을 하고 저녁에 공부하겠다고 포부를 밝히던 그는 급기야 6개월 만에 시험을 포기하겠다며 씁쓸한 미소를 남겼다.

반면에 비슷한 또래의 다른 청년이 있었다. 그 역시 대학을 졸업했고, 시험만 준비하는 취준생이었다. 어느 날 그와 이런 저런 대화를 나누며 서로의 상황에 대해 공유했다. 몇 마디 대화를 통해 왠지 모를 여유가 느껴지는 그에게 부모님께 어떤 지원을 받고 있는지 물어보았다.

"시험 비용은 부모님께서 전부 지원해 주세요. 빨리 취업해서 갚아드려야죠. 죄송하긴 한데 제가 시험에 합격해서 미국 회계사가 되는 게 효도하는 길이라고 생각합니다."

이 친구는 애초에 두 과목씩 시험을 두 번에 나눠서 볼 계획이었다며, 혹시 한 번에 합격하지 못할 경우를 대비해서 수험 기간을 2년으로 잡았다고 했다. 수험 기간을 2년으로 잡다 보니 수강권도 오프라인 종합반 3년으로 등록했다고. 본인도 마음은 급했지만, 부모님의 조언으로 만일의 경우까지 대비한 계획을 세웠다고 했다.

부모님의 지원으로 돈 걱정 없이 공부에만 전념했던 이 친구는 본인의 패턴에 맞게 차근차근 시험 준비를 해나갔다. 처음 2과목은 한 번에 합격했고, 나중에 2과목은 한번 떨어진 뒤 합격했다. 그럼에도 처음 계획했던 2년보다 더 빠른 1년 반 만에 미국 회계사 시험에 최종 합격을 했다. 시험에 합격한 뒤 얼마 지나지 않아 금융권에 고액 연봉으로 취업했다는 소식을 전해주었다.

많은 취준생의 사례를 통해서 내가 얻은 교훈은 부모가 자녀에게 도움을 주어야 하는 정말 필요한 순간은 따로 있다는 것이다. 이 시기에 부모가 주는 작은 도움은 자녀의 인생을 획기적으로 바꾸는 힘이 된다. 그런데 대학을 졸업하고 취업을 앞둔 자녀를 지원해 줄 수 있는 여유 있는 부모가 생각보다 많지 않다는 걸 알게 됐다. 어린 시절부터 무리하게 돈을 퍼붓다가 자녀가 정작 도움이 필요할 때 돈이 없어 쩔쩔매는 것이다.

 나는 아이를 키우면서 이 점을 늘 염두에 두고 있었다. 나 역시 영어유치원, 사립초등학교, 해외 어학연수 등 아이에게 좋다는 사교육을 시키고 싶은 순간이 있었다. 눈에 넣어도 아프지 않을 내 아이에게 최고의 교육 기회를 제공하고 싶은 것이 인지상정 아니겠는가. 하지만 아이가 어렸을 때 나의 능력을 넘어선 돈을 퍼붓는다면 미래에 크게 후회할 거로 생각했다. 이런 마음이 아이에게 좋다는 사교육을 시키고 싶을 때마다 그 마음을 일부 떼어서 저축할 수 있게 해주었다. 그 덕분에 아이의 미래를 설계할 경제적 독립을 위한 종잣돈을 마련할 수 있었다.

 '소도 비빌 언덕이 있어야 비빈다'라는 속담이 있다. 이것은 의지할 곳이나 기댈 언덕이 있어야 무슨 일이든 시작하거나 이룰 수 있음을 비유적으로 이르는 한국 속담이다. 나는 아이를 키우는 것과 동시에 종잣돈을 마련해서 아이가 사회에 진출할 때 의지할 수 있는 비빌 언덕이 되어주고 싶다. 자신이 정말 이루고 싶은 꿈이 생겨 도전하고 싶을 때 경제적인 이유로 꿈을 포기하는 일이 없기를 바란다. 그러기 위해서는 아이에게 무작정 독립하라고 말하는 대신, 어느 정도 믿고 기댈 자산을 만들어줘야 한다는 입장이다. 이것은 당장 교육비에 쓸 돈과 자녀의 미래를 위한 밑거름이 될 돈을 나누어 균형

잡힌 준비를 한다면 가능한 일이다.

Key Point

부모의 경제적 지원은 언제나가 아니라, 자녀의 인생을 결정짓는 결정적 순간에 가장
큰 힘이 된다. 어린 시절의 과도한 사교육보다, 꿈에 도전할 때 기댈 수 있는 종잣돈과
여유가 자녀의 가능성을 지켜준다. 아이에게 무조건적인 독립을 요구하기보다, 경제
적 이유로 꿈을 포기하지 않도록 비빌 언덕이 되어주는 것이 부모의 역할이라고 생각
한다.

돈을 스스로 다스릴 줄 아는
사람이 되도록

　나는 최고 수익률을 추구하거나 레버리지를 이용해 초호화 생활을 하는 데는 관심이 없다. 그 두 가지는 친구들에게 잘난 인상을 주려고 하는 게임처럼 보이고, 모두 숨은 리스크가 있다. 그냥 매일 아침 나와 내 가족이 하고 싶은 건 뭐든 할 수 있다는 사실을 알면서 잠을 깨고 싶을 뿐이다.

– 모건 하우절 『돈의 심리학』

　이 문장을 처음 읽었을 때, 오래도록 눈을 떼지 못했다. 돈에 대해 이렇게 담백하게 정의할 수 있다는 게 놀라웠다. 우리는 대체로 돈을 '목표'라고 생각하지만, 하우절은 돈을 '자유의 도구'라고 말한다. 그는 부자가 되고 싶다고 말하지 않았다. 그저 아침에 눈을 떴을 때, 하고 싶은 일을 선택할 수 있는 삶을 원한다고 했다. 이 짧은 문장 속에는 부와 자유의 본질이 모두 담겨있었다.

나 역시 오랫동안 삶의 주인이 되는 법을 고민했다. 성공한 사람들은 대체로 부자였고, 그들은 자기 시간을 통제할 수 있었다. 나는 그것이 단순한 부의 문제라 생각하지 않았다. 그건 '선택권'의 문제였다. 하고 싶지 않은 일을 하지 않아도 되는 선택권, 남의 눈치를 보지 않아도 되는 자신감, 그리고 내 시간과 내 마음을 내 뜻대로 쓸 수 있는 자유. 결국 그것이야말로 삶의 주권, 즉 삶의 주인이 된다는 의미였다.

그런데 시간이 흐르면서 나는 깨달았다. 그 주권은 결심만으로 생기지 않는다는 것을 말이다. 현실적으로 돈이 있어야 가능한 일이었다. 돈은 인생의 전부가 아니지만, 돈이 없으면 내가 주체가 되는 삶을 살기 어렵다. 아무리 마음이 자유로워도 생활비, 대출, 아이 교육비, 병원비 앞에서 우리는 너무 쉽게 흔들린다. 돈이 많다고 해서 반드시 행복한 건 아니지만, 돈이 없으면 자유롭기가 어렵다. 삶의 주인이 된다는 건 결국 경제적 독립 위에 세워진 정신적 자유였다.

나는 한동안 돈이 중요하지 않다고 말하던 사람이었다. 하지만 지금은 그 말이 얼마나 위험한 자기기만이었는지 안다. '돈이 전부는 아니다'라는 말과 '돈이 중요하지 않다'라는 말은 전혀 다르다. 전자는 철학이지만, 후자는 무책임이다. 삶의 주인은 현실을 부정하지 않는다. 현실 속에서 균형을 찾는다. 그리고 그 중심에는 언제나 '경제적 자립'이 있다.

나는 한때 누구보다 열심히 일하면서도 늘 불안했다. 통장 잔액은 늘 모자랐고, 시간은 남의 스케줄에 맞춰 흘러갔다. 일을 쉰다는 건 곧 수입이 끊긴다는 뜻이었고, 그건 곧 불안의 시작이었다. 그 시절 나는 노력의 양으로 자유를 얻을 수 있다고 믿었다. 하지만 아무리 노력해도 돈이 나를 대신해 일하게 만들지 않으면, 나는 결코 내 삶의 주인이 될 수 없었다.

그 깨달음 이후 나는 생각을 완전히 바꿨다. '돈을 벌어야 한다'에서 '돈이 나를 대신해 일하게 해야 한다'로 말이다. 노동소득으로는 시간의 자유를 얻을 수 없다는 걸 알게 된 것이다. 그래서 나는 투자 공부를 시작했다. ETF를 알게 되었고, 복리의 힘을 이해했다. 처음엔 숫자 몇 개가 낯설었지만, 시간이 지날수록 그건 수익률의 문제가 아니라 삶의 구조 문제라는 걸 깨달았다.

ETF는 나에게 돈의 철학을 다시 가르쳐줬다. 매일 시장이 오르내리더라도 그 흐름에 일희일비하지 않았다. 내가 쌓는 건 단기적인 돈이 아니라, 장기적인 선택의 자유였으니까. 매달 꾸준히 투자하면서 나는 조금씩 내 시간을 되찾는 기분을 느꼈다. 돈이 쌓이면서 단순히 숫자가 아니라 내가 원하는 삶을 선택할 가능성이 쌓였다. 모건 하우절은 말했다.

돈의 궁극적인 목적은 다른 사람에게 '나는 이 일을 하지 않아도 된다'라고 말할 수 있는 자유를 주는 것이다.

그 말이 내 가슴을 관통했다. 결국 돈은 내가 원하는 일만 선택할 수 있는 힘이었다. 그 힘이 있을 때 비로소 나는 내 삶의 주인이 될 수 있었다. 이제 나는 얼마를 버는가보다 내 시간을 어떻게 쓰는가를 더 중요하게 생각한다. 누구의 명령도 아닌, 내 의지로 일하고, 쉬고, 쓰는 삶. 그게 진짜 부자인 것이다. 돈은 그 자유를 위한 연료이지, 목적지가 아니다.

이 깨달음 이후로 나는 아이들에게 물려주고 싶은 것이 달라졌다. 단순히 돈이 아니라 돈을 대하는 태도, 돈을 통해 자유를 얻는 방법이었다. 그것이 내가 아이들 명의로 계좌를 만들어 ETF를 투자하는 이유이다. 아이들이 아직 그 의미를 완전히 이해하지는 못하지만, 언젠가 자신의 삶을 꾸려나갈 때 그 계좌가 작은 자유의 씨앗이 되어주길 바란다. 나는 아이들에게 말하고 싶다.

"돈을 많이 버는 사람보다, 돈을 스스로 다스릴 줄 아는 사람이 돼라."

그게 진짜 삶의 주인이 되는 길이기 때문이다. 돈이 많다고 모두 자유로운 건 아니지만, 돈의 흐름을 이해하고 스스로 관리할 줄 아는 사람은 타인의 기준이 아닌 자기 기준으로 삶을 살아갈 수 있다.

결국, 내 삶의 주인이 된다는 건 돈을 중심에 두는 게 아니라, 돈을 내 삶의 '수단'으로 두는 일이다. 돈이 나를 움직이는 게 아니라, 내가 돈을 움직이게 만드는 것이다. 그 방향이 선명할 때 비로소 삶은 나의 것이 된다.

그리고 언젠가 아이들이 그 계좌를 들여다보며 '엄마는 왜 매달 이걸 사두었을까'라는 생각을 할 때 말해주고 싶다. 그건 단순한 투자가 아니라 네가 네 삶의 주인이 되길 바라는 마음이었다고.

그래서 나는 오늘도 아이들 계좌에 ETF 한 주를 추가한다. 주가가 오르든 내리든 신경 쓰지 않는다. 그건 단순한 투자금이 아니라, 내가 아이들에게 물려주고 싶은 철학의 조각이기 때문이다. 노력으로만 얻을 수 없는 자유, 시간을 내 마음대로 쓸 수 있는 삶, 그걸 위해 돈이 필요한 세상이라면 나는 내 아이들이 그 도구를 지혜롭게 사용할 줄 아는 사람이 되길 바란다.

Key Point

『돈의 심리학』을 통해 얻은 것은 돈의 본질은 부의 과시가 아니라, 하고 싶은 삶을 선택할 수 있는 자유의 도구라는 깨달음이었다. 노동만으로는 삶의 주인이 될 수 없기에, 나는 돈이 나를 대신해 일하게 하는 법을 배우며 투자와 복리를 선택했다. 그래서 아이에게 물려주고 싶은 것은 돈의 액수가 아니라, 돈을 스스로 다스려 자유를 만들어내는 태도와 철학이다.

ETF

2장

ETF란 무엇인가?

투자한다는 것은 그냥 세상의 흐름에 올라타는 것이다. 애플이 잘되면,
마이크로소프트가 커지면, 그들의 성장이 조금씩 내 자신에 스며든다.
내가 일하지 않아도 세상이 일해주는 것, 그것이 투자의 매력이다.

ETF, 주식과 펀드의 장점을 모은 작은 기적

ETF, 즉 상장지수펀드는 주식과 펀드의 장점을 한데 모은 투자 상품으로, 최근 투자 트렌드의 중심에 확고히 자리 잡았다. 예전에는 투자한다고 하면 대부분 펀드를 먼저 떠올렸다. 전문가가 대신 운용해 주고, 여러 종목에 분산투자 하는 구조가 안전해 보였기 때문이다. 하지만 시간이 흐르며 투자자들은 단순히 맡기는 것만으로는 원하는 이익을 얻기 어렵다는 사실을 깨닫기 시작했다. 주식시장의 변화 속도가 빨라지고, 개별 펀드의 높은 수수료가 부담으로 다가오면서 새로운 대안이 필요했다. 그때 등장한 것이 바로 ETF였다.

ETF는 주식처럼 거래할 수 있는 자유로움과 펀드처럼 분산투자된 안정성을 동시에 제공한다. 쉽게 말해, ETF는 주식과 펀드의 장점을 한꺼번에 누릴 수 있는 상품이다. 해외에는 수천 개의 ETF가 글로벌 시장을 기반으로 운영되고 있지만,

내가 투자하는 상품은 국내에 상장된 ETF다. 국내 ETF만으로도 충분히 다양한 자산군에 투자할 수 있고, 초보자도 쉽게 접근할 수 있기 때문이다.

ETF가 대세가 된 이유는 너무나 명확하다. 펀드는 매수하면 '그 펀드의 일일 기준가'에 따라 다음 날 가격이 결정된다. 사고 싶을 때 바로 사고, 팔고 싶을 때 실시간으로 파는 것이 불가능하다. 반대로 개별 주식은 내가 원할 때 바로 사고팔 수 있지만, 그만큼 선택도 어렵고 위험도 크다. 삼성전자 한 종목을 사는 것은 사실상 '삼성전자'라는 한 기업의 미래에 모든 투자금을 거는 것과 다름없다.

그러나 ETF는 그 중간 지점에 존재한다. 시장이 열려있는 동안 언제든 매수·매도가 가능하고, 동시에 한 ETF 안에 30개, 100개, 혹은 그 이상 종목이 담겨있어 분산투자 효과가 자연스럽게 발생한다. 예를 들어 KOSPI200 ETF 한 종목을 사는 것은 곧 한국을 대표하는 200개 기업에 동시에 투자하는 것과 같다. 이처럼 ETF 한 종목이 곧 포트폴리오 역할을 하기 때문에 초보 투자자에게는 시작하기 좋은 투자 도구가 되고, 경험 많은 투자자에게는 전략적인 자산 구성 수단이 된다.

ETF의 매력은 이뿐만이 아니다. 관리 비용이 적다는 사실

또한 ETF를 대세로 만든 핵심 요인이다. 전통적인 펀드의 경우 운용사, 판매사, 등록 기관 등 여러 단계를 거치며 비용이 발생하는 구조다. 하지만 ETF는 주식처럼 거래되는 상품이기 때문에 판매 수수료가 없고, 대부분의 인덱스 ETF는 복잡한 운용이 필요하지 않아 비용이 적게 책정된다.

장기투자자가 ETF를 선택하면 수수료에서 발생하는 차이가 결국 큰 금액의 차이를 만든다. 장기 복리는 수익이 아닌 비용에서도 적용되기 때문인데, ETF는 그 점에서 유리한 구조로 되어있다.

세금 측면에서도 ETF는 투자자에게 유리하다. 개인 투자의 경우 중간에 리밸런싱을 하거나 직접 매매를 할 때마다 과세가 동시에 발생한다. 하지만, ETF는 기본적으로 주식형으로 분류되기 때문에 매도할 때만 세금이 붙는다. 이 말은 곧 내가 팔기 전까지 세금이 없다는 뜻이다. 장기적으로 자산을 불리려는 투자자에게 이 점은 상당한 이점이다.

투자 편의성은 또 다른 장점이다. 동일한 금액으로 개별종목을 20~30개씩 직접 매수해 포트폴리오를 구성하려면 상당한 시간과 지식이 필요하다. 어떤 회사를 선택할지 분석해야 하고, 종목 간 비중도 조절해야 하며, 시장 변화에 따라 포트폴리오를 업데이트해야 한다.

그러나 ETF는 이미 전문가가 정해둔 기준에 따라 분산 구성된 상태로 제공된다. 투자자는 좋은 상품 하나를 고르기만 하면 된다. 예를 들어 미국 시장 전체에 투자하고 싶다면 미국 대표 ETF를 매수하면 되고, 기술주에 투자하고 싶다면 기술주 ETF를 선택하면 된다. 원하는 분야를 선택하는 순간, 그 안의 수십~수백 개 기업에 자동으로 투자가 이뤄진다.

이 모든 이유로 투자자들은 ETF를 작은 기적 같은 존재라고 말한다. 소액 투자도 가능하고, 리스크관리도 자연스럽게 되고, 매매는 빠르고 간편하고, 수수료는 낮고, 세금은 효율적이기 때문이다. 과거에는 초보자가 '주식은 너무 어렵다', '펀드는 너무 답답하다'라고 느끼는 경우가 많았다면, 이제는 ETF가 그사이의 고민을 해결하는 역할을 하고 있다.

ETF는 단순히 새로운 상품이 아니다. 투자자에게 전혀 새로운 선택의 기준을 제공한다. 무작정 고수익만을 좇는 것이 아니라, 안정성·효율성·합리성을 중심으로 투자 전략을 설계할 수 있게 만드는 상품이다. 이런 이유로 펀드의 시대가 지나고 ETF의 시대가 왔다는 말이 점점 더 많은 투자자 사이에서 공감대를 얻고 있다. ETF는 이제 현대 투자자에게 선택이 아닌 필수 요소로 자리 잡았다.

결국 ETF는 투자 접근성을 높이고, 위험을 낮추며, 장기적인 자산 성장에 도움을 주는 혁신적인 도구다. 투자 경험이

많든 적든, 소액 투자자든 고액 투자자든, ETF는 누구에게나
열려있다.

Key Point

ETF는 주식처럼 자유롭게 사고팔 수 있으면서도 펀드처럼 자동 분산투자되는 장점을
동시에 가진 상품이다. 안정성·효율성·편의성을 갖춘 ETF는 현대 투자자의 필수 투자
도구로 자리 잡았다.

개별종목이 아닌 ETF에 투자해야 하는 이유

　2025년 11월 3일, 코스피 지수가 4일째 상승, 4,221.87포인트로 장을 마감하며 사상 최고치를 경신했다. 나날이 불장이라는 기사 속에 아이러니하게도 코스피가 사상 최고를 찍은 날 기준으로도 개인 투자자의 절반 이상이 여전히 마이너스라는 내용의 기사가 있었다. 바로 연합뉴스의 「코스피 불장이라는데… 개인 54%는 평균 931만 원 손실 중」이라는 제목의 기사였다.

　개별종목에 투자하는 일은 많은 사람이 생각하는 것보다 훨씬 더 복잡하고 예측하기 어렵다. 누구나 처음 주식을 시작하면 '유명한 기업을 고르면 되지 않을까?' '좋은 타이밍만 잡으면 수익이 나지 않을까?'라고 생각한다. 하지만 시간이 지나면 깨닫게 된다. 시장에서 승리하는 것은 누가 더 똑똑하게 종목을 고르느냐가 아니라 누가 리스크를 잘 관리하느냐는 것을. 바로 그 지점에서 ETF의 가치가 드러난다. ETF는 개별 종목보다 훨씬 안정적이고, 구조적으로 위험을 줄여주며, 장기투자에 최적화된 도구이기 때문이다.

개별종목은 늘 불확실성을 동반한다. 회사 실적 발표 하나에 주가가 출렁이고, 경영진의 한마디, 규제 변화, 산업 구조 변화 등 예측할 수 없는 사건이 언제든 발생할 수 있다. 심지어 아무 문제 없어 보이는 기업도 갑작스러운 사고, 횡령 이슈, 내부 분쟁 등으로 단기간에 큰 하락을 겪기도 한다. 이런 리스크는 누구도 완벽히 피할 수 없다.

하지만 ETF는 이러한 단일 종목의 위험을 구조적으로 흡수한다. 왜냐하면 ETF는 특정 회사 하나만 담고 있는 것이 아니라, 여러 기업에 동시에 투자하는 '바구니'이기 때문이다. 예를 들어 100개 종목으로 구성된 ETF에 투자한다면, 한 기업이 부진해도 나머지 99개 기업이 그 영향을 완충한다. 즉, ETF는 자연스러운 안전장치를 내장한 투자 방식이다.

이 원리가 단순해 보이지만, 장기적으로 엄청난 차이를 만든다. 개별종목은 잘못 선택하면 투자 원금을 회복하는 데 시간이 오래 걸리거나, 회복 자체가 불가능할 수도 있다. 반면 ETF는 많은 기업의 평균 성과를 가져가기 때문에, 어떤 기업은 사라지고 어떤 기업은 약해지더라도 전체 시장의 흐름은 유지된다. 이처럼 ETF는 리스크를 줄이면서도 수익 가능성을 유지하는 효과를 만들어준다.

개별 기업은 성장하다가 어느 순간 한계에 부딪힐 수 있지만, 시장 전체는 구조적으로 계속해서 성장한다. 새로운 기업이 등장하고, 혁신이 생기고, 기술이 발전하고, 인구와 소비가 증가한다. 오래된 기업이 사라지면 더 강한 기업이 그 자리를 대신한다. 시장은 끊임없이 생태계를 재편하며 살아 있는 유기체처럼 움직인다.

ETF에 투자한다는 것은 단 하나의 기업에 기대는 것이 아니라, 시장의 성장성 자체에 투자하는 전략이다. 예를 들어 KOSPI200 ETF를 선택했다면 이는 한국 경제를 이끄는 상위 200개 기업의 성과에 참여하겠다는 뜻이다. 특정 기업의 경쟁력이 떨어지면 지수에서 제외되고, 더 성장성 높은 기업이 편입된다. 즉, ETF는 자동으로 우량 기업 중심의 구조를 유지하며, 시간이 지날수록 강해지는 포트폴리오를 만든다.

반면 개별종목을 선택하는 투자자는 이 기업이 앞으로도 승승장구할 것이라는 전제를 깔고 투자한다. 하지만 미래는 누구도 장담할 수 없다. 오늘의 1등 기업이 내일도 1등이라는 보장은 없다. 반면 시장은 사라지지 않는다. 기술이 바뀌고 사람이 바뀌고 기업이 바뀌어도 시장은 계속해서 재구성되며 살아남는다. 따라서 지속 가능한 장기투자를 하고 싶다면 개별종목보다는 ETF가 훨씬 효율적인 길이다.

투자에서 실패하는 가장 큰 이유는 지식 부족보다 감정 컨트롤 실패라는 말이 있다. 인간은 손실이 생기면 두려움을 느끼고, 작은 수익이 나면 더 가져가고 싶은 욕심이 생긴다. 이런 감정이 충동적인 매매를 만들고, 결과적으로 투자를 어렵게 만든다.

개별종목은 이러한 감정을 가장 강하게 자극한다. 특정 기업의 뉴스가 쏟아지고, 소문이 돌고, 유튜브에서 분석 영상이 올라오고, 주변 사람들 사이에서 종목 이야기가 오간다. 그러면 쉽게 조급해지거나 과도하게 희망을 품게 된다. 결국 "팔걸 그랬는데…", "그때 사야 했는데…" 같은 후회가 반복된다.

반면 ETF는 단일 기업의 이슈에 크게 흔들리지 않는다. 삼성전자의 실적이 부진하더라도, KOSPI200 ETF는 다른 기업의 성과가 이를 완화해 준다. 변동성이 낮아지고, 그래프가 상대적으로 완만해지기 때문에 투자자가 불안에 휩쓸릴 확률이 줄어든다. 감정적 매매가 줄어들면, 결과적으로 장기 수익률이 더 안정적으로 만들어진다. ETF는 심리적인 안정까지 포함한 전반적인 투자 효율성을 극대화해 주는 셈이다.

많은 한국인에게 익숙한 예를 들어보자. 누군가가 주식에 처음 투자한다고 하면 가장 먼저 떠오르는 기업이 '삼성전자'

다. 튼튼한 기업이고 장기 상승 가능성이 크다. 하지만 삼성전자 역시 반도체 업황, 글로벌 공급망, 환율 등 외부 변수에 크게 영향받는다. 몇 년 동안 주가가 횡보하거나 하락하는 시기도 있다.

반면 KOSPI200 ETF는 삼성전자뿐 아니라 여러 산업의 우량 기업을 동시에 담고 있다. IT가 부진하면 금융주가 받쳐주고, 금융이 흔들리면 소비재·건설·바이오 등 다른 업종이 회복해 줄 수 있다. 즉, 한 기업의 부진이 전체 투자 결과를 결정하지 않는다는 큰 장점이 있다.

이를 실제 투자 관점에서 해석하면 다음과 같다.

삼성전자는 선택과 집중이지만, 리스크 역시 집중된다.
KOSPI200 ETF는 분산과 안정이며, 리스크도 분산된다.

단기간에 큰 수익을 노리는 것이 아니라 장기적으로 꾸준히 자산을 증가시키고 싶다면, ETF는 훨씬 더 높은 확률로 목표를 달성하게 해준다.

개별종목 투자는 일종의 승부다. 미래를 맞히고, 기업의 상황을 예측하고, 시장 변화를 읽어야 한다. 하지만, 이 모든 일을 반복해서 성공하기란 거의 불가능에 가깝다. 반대로 ETF는 정답을 맞혀야 성공하는 투자 방식이 아니다. 확률을 우리에게 유리하게 만드는 투자다.

분산투자, 시장 성장성, 감정 통제, 안정적인 구조. 이 네 가지가 ETF의 본질적인 경쟁력이다.

투자를 오래 할수록 깨닫게 된다. 맞히는 투자보다 지속 가능한 투자가 훨씬 더 강력하다는 사실을. ETF는 바로 그 지속 가능한 투자를 가능하게 만든다. 리스크는 낮추고, 성장의 과실은 자연스럽게 누릴 수 있는 가장 효율적인 길이기 때문이다. 그래서 나는 개별종목보다 ETF를 선택했다.

Key Point

개별종목 투자는 기업 하나의 위험과 감정적 변동에 크게 흔들리지만, ETF는 여러 기업을 담아 구조적으로 리스크를 낮추고 시장 평균의 힘을 가져온다. 장기적·안정적 자산 성장을 원한다면 '승부'가 필요한 개별종목보다 확률을 우리 편으로 만들어주는 ETF가 훨씬 효율적이다.

액티브 ETF vs 패시브 ETF, 차이점이 뭘까?

투자를 시작하면 누구나 한 번쯤 이런 고민에 마주한다.

'나는 시장을 이길 수 있을까? 아니면 시장을 그대로 따라가는 것으로 충분할까?'

이 질문은 단순한 호기심이 아니라, 앞으로 어떤 투자 전략을 선택해야 할지 결정하는 중요한 출발점이다. 그리고 이 질문의 중심에는 자연스럽게 두 가지 방식이 놓인다. 바로 시장을 이기려는 액티브 ETF, 그리고 시장을 그대로 따라가며 성장의 흐름을 꾸준히 담아내는 패시브 ETF이다. 이 두 방식을 제대로 이해하면, 왜 전 세계 장기투자자들이 패시브 ETF로 기울어지고 있는지 명확해진다.

액티브는 시장보다 더 잘해보겠다는 강한 의지를 기반으로 한다. 펀드매니저와 운용사는 매일 기업의 재무제표를 분석하고, 각종 경제 지표를 점검하며, 글로벌 뉴스와 경기 흐름을 평가한다. 필요하면 하루에도 여러 번 매수와 매도를 반복하며 끊임없이 시장을 앞서가기 위한 결정을 내린다. 이 과정이 완벽하게 맞아떨어진다면, 시장 수익률을 크게 뛰어넘는 성과를 낼 수도 있다. 그래서 액티브는 늘 화려하게 보이고 투자자들의 기대를 자극한다.

하지만 실제 성과는 그렇게 단순하지 않다. 우선 액티브는 비용 구조가 무겁다. 분석 인력, 리서치팀, 트레이딩 비용, 운용보수 등 다양한 비용이 누적되면서 투자자의 순수익을 잠식한다. 많은 투자자가 수익률이 나쁘지 않다고 생각해도, 실제로 수수료를 제외한 수익률은 시장 평균보다 낮아지는 경우가 매우 많다. 여기에 시장 예측의 어려움이 더해진다. 아무리 경험 많은 전문가라도 시장 전체를 완벽하게 내다보는 것은 불가능하다. 펀드매니저가 모든 시기, 모든 상황에서 시장을 이기려면 계속해서 맞는 선택을 해야 하는데, 장기적으로 이 일을 해내는 사람은 극소수에 불과하다. 특정 연도에는 화려한 성과를 내더라도 다음 해에는 반대로 큰 손실을 보는 일이 흔하다. 이처럼 변동성 높은 성과는 장기투자에서 가장 중요한 요소인 꾸준함을 유지하기 어렵게 만든다. 그래서 액티브 펀드는 겉으로는 안정적이고 전문적인 느낌을 주지만, 실제로는 예측하기 어렵고 결과도 일정하지 않은 선택이 되는 경우가 많다.

반면 패시브는 시장 평균을 그대로 따라가는 방식이다. S&P500, KOSPI200, 미국나스닥100처럼 특정 지수를 기준으로 그 지수에 포함된 기업들을 거의 자동으로 담아가며 운용된다. 투자자는 '어떤 기업을 사야 할까? 언제 매도해야 하지?'를 고민할 필요가 없다. 복잡한 판단을 줄여주는 구조 덕분에 수수료도 매우 낮고, 운용 방식도 단순하며, 시장의 흐름을 있는 그대로 따라간다. 이 단순함이 오히려 장점이 된다. 사람의 판단 실수나 감정적 매매가 개입되지 않기 때문에 예측 실패의 리스크를 애초에 제거할 수 있다. 그리고 시장이 오르면 ETF도 오르고, 시장이 조정받으면 ETF도 조정받는다. 즉, 시장이라는 커다란 흐름과 함께 움직이는 것이다.

특히 패시브 ETF의 진짜 강점은 시간이 길어질수록 더 빛난다는 점이다. 과거 수십 년간의 장기 데이터를 보면, 주식시장의 전체 지수는 큰 위기와 조정을 겪어도 결국 우상향해 왔다. 이 우상향 흐름을 꾸준히 따라가는 ETF는 별도의 노력 없이도 복리의 힘을 안정적으로 누리게 된다. 장기적인 데이터 비교에서도 패시브가 액티브를 이기는 사례가 압도적으로 많다. 10년, 20년, 30년 단위로 분석하면 대부분의 액티브가 시장을 이기지 못한다는 연구 결과가 이어진다. 높은 비용, 예측 실패, 특정 시기의 실수 등이 누적되면서 결국 시장보다 뒤처지는 경우가 많기 때문이다. 반대로 패시브 ETF는 시장 전체의 성장이라는 가장 강력한 에너지를 그대로 흡수하기 때문에 장기투자에서 매우 안정적이고 예측 가능한 전략이 된다.

이 모든 사실은 결국 한 가지 결론에 닿는다. 장기투자의 성패는 '누가 더 똑똑한가'가 아니라 '누가 더 오래 시장에 머무르고 꾸준히 투자할 수 있는가'에 달려 있다는 사실이다. 많은 개인 투자자들이 더 높은 수익을 꿈꾸며 이것저것 선택을 늘리고, 매수·매도 타이밍을 맞추려 하고, 더 똑똑한 결정을 하려고 애쓴다. 하지만 그 과정에서 결정의 흔들림, 감정적인 매매, 잦은 거래 비용 등이 누적되어 오히려 성과를 떨어뜨리는 경우가 많다. 반면 ETF 중심의 패시브 투자자는 한 번 방향을 정하면 불필요한 선택을 줄이고, 정해진 전략을 꾸준히 유지하기만 하면 된다. 간단한 전략일수록 지키기 쉬운 것이고, 지키기 쉬운 전략일수록 장기적 성과는 더 강력해진다.

그래서 나는 장기투자자에게 이렇게 말하고 싶다. 시장 평균을 따라가는 것만으로도 충분히 강력한 성과를 만들 수 있다고. 예측에 의존하는 투자보다 시장의 성장을 그대로 담아가는 투자가 훨씬 안정적이고 꾸준한 결과를 가져온다. 초보 투자자든, 자녀에게 계좌를 만들어주는 부모든, 혹은 은퇴를 준비하며 자산을 쌓아가는 사람이라면 패시브 ETF가 가장 효율적이고 합리적인 선택이 될 가능성이 높다. 낮은 비용 구조, 단순하고 투명한 운용 방식, 그리고 시장 전체의 성장을 그대로 누릴 수 있다는 장점이 있기 때문이다.

결국 투자에서 가장 어려운 일은 높은 수익을 만드는 것이 아니라, 흔들리지 않고 오래 유지하는 것이다. 패시브 ETF는 그 '꾸준함'을 가능하게 만들어주는 가장 간단하면서도 강력한 전략이다. 시장을 예측하려 하지 않고, 시장의 흐름을 믿고 따라갈 수 있는 태도야말로 장기투자에서 가장 큰 차이를 만들어내는 힘이다. 그러므로 장기투자자라면 시장 평균을 충실하게 담는 투자가 왜 강력한지, 그리고 왜 많은 투자자가 자연스럽게 패시브 ETF로 이동해가는지 이해할 수 있을 것이다.

Key Point

액티브 ETF는 시장을 이기기 위해 매매와 분석을 반복하지만, 비용이 높고 장기적으로 시장을 앞서기 어렵다. 패시브 ETF는 낮은 수수료와 단순한 구조로 시장 전체의 흐름을 그대로 따라가며 장기투자에서 안정적이고 예측 가능한 성과를 보여준다. 예측보다 '꾸준함'이 중요한 장기투자에서는 패시브 ETF가 감정 개입을 줄이고 시장 성장의 힘을 그대로 누릴 수 있는 가장 효율적인 전략이다.

가장 단순하지만 가장 마음 편한
미국 주식 투자법

　가장 단순하면서도 가장 마음이 편한 미국 주식 투자법을 찾으라고 한다면, 나는 주저 없이 S&P500과 나스닥100을 선택한다. 이 두 ETF는 전 세계 투자자들이 가장 널리 선택하는 상품이며, 그 이유는 놀랍도록 명확하다. 투자란 본질적으로 미래의 불확실성을 받아들이는 일인데, 그 불확실성을 가장 견고하게 줄여주는 방법이 바로 미국 대표 지수를 기반으로 한 ETF이기 때문이다. 시장은 언제나 흔들리지만, 그 흔들림 속에서도 안정과 성장을 동시에 잡을 수 있는 전략이 존재한다. 바로 미국 ETF라는 단순한 선택이다. 이 단순함이 오히려 장기투자에서는 가장 강력한 무기가 된다.

　많은 사람이 투자하면 먼저 종목을 고르는 기술을 배우려고 한다. 어떤 기업이 오를지, 어떤 산업이 성장할지, 언제 사면 저점이고 언제 팔면 고점인지 고민한다. 하지만 시간이 흐를수록 깨닫게 된다. 종목 선정은 쉽지 않고, 맞히기 위해 드는 시간과 에너지는 생각보다 크며, 무엇보다도 감정의 흔들림이 너무 크다는 사실을. 그래서 어떤 투자자들은 결국 시장에서 지쳐 나간다. 반면, 시장을 예측하기보다는 시장 전체의 흐름을 통째로 사는 전략을 선택한 사람들은 훨씬 오래 투자 생활을 유지한다. ETF를 선택한다는 것은 바로 이런 의미다. 특히 미국 ETF라면 그 기반이 더욱 탄탄하다.

S&P500은 미국을 대표하는 500개의 대형 기업으로 구성된 지수다. 이 500개의 기업은 단순히 숫자가 아니라, 세계 경제를 움직이는 에너지다. 우리가 매일 사용하는 스마트폰, 컴퓨터, 소프트웨어, 온라인 플랫폼 등 대부분은 S&P500 안에 있는 기업과 연결되어 있다. 애플은 아이폰을 만들고, 마이크로소프트는 우리가 일상적으로 사용하는 윈도우와 오피스를 제공하며, 아마존은 온라인 쇼핑을 넘어 물류·클라우드까지 장악했다. 엔비디아는 AI 시대의 핵심 반도체 기업으로 자리 잡았고, 구글은 전 세계 정보 생태계의 중심에 서 있다. 이런 기업들이 S&P500에 자연스럽게 포함되어 있다.

무엇보다 이 지수의 구조가 주는 안정감이 크다. 투자자가 따로 머리를 쓸 필요 없이, 경쟁력을 잃은 기업은 지수에서 자동으로 제외되고 새로운 강자가 자연스럽게 편입된다. 즉,

미국 경제의 맥박을 고스란히 지수 안에서 느끼게 되는 것이다. 투자자가 해야 할 일은 기업을 고르거나 산업을 예측하는 것이 아니라, 그저 이 거대한 흐름에 올라타 꾸준히 함께 가는 것이다.

반면 나스닥100은 더 역동적이고 미래지향적인 성격을 가진다. 나스닥100에는 금융회사를 제외한 미국의 대표적인 혁신 기업 100개가 포함되어 있다. 이 구성만 봐도 알 수 있듯이, 기술과 성장 중심이다. 인공지능, 클라우드, 반도체, 플랫폼, 전기차, 바이오 등 미래 경제의 방향을 결정짓는 산업이 대부분 나스닥100 기업과 연결된다. 엔비디아·테슬라·메타·구글·애플 같은 기업들이 이 지수를 대표한다. 나스닥100은 S&P500보다 변동성이 크지만, 그만큼 성장의 속도도 빠르다. 기술 혁신이 전례 없이 빠른 지금 같은 시대에는 특히 더 매력적인 지수라고 할 수 있다.

이 두 지수는 성격은 다르지만, 공통점이 있다. 바로 미국 경제의 구조적 성장에 기반하고 있다는 점이다. 미국은 세계 자본이 모이는 시장이며, 뛰어난 기업 생태계와 법적·제도적 안정성을 갖추고 있다. 기업들이 자유롭게 혁신할 수 있는 환경이 마련되어 있고, 부실한 기업은 자연스럽게 도태되며, 강한 기업만 살아남아 지수의 중심이 된다. 이 구조 덕분에 미국 증시는 장기적으로 꾸준히 우상향하는 흐름을 보여왔고, 앞으로도 그 가능성이 높다.

미국 ETF에 투자한다는 것은 단순히 미국을 믿는다는 감정적인 표현이 아니다. 구조적으로 경제가 성장할 수밖에 없는 시스템에 투자하는 것이다. 특히 장기투자에서는 종목 선택 능력보다 '어디에 오래 머무르느냐'가 더 중요한데, 미국 ETF는 이 점에서 가장 효율적이다. 꾸준히 적립하면서 시장의 전체 성장을 함께 가져가는 방식이기 때문이다.

또한 ETF 투자는 감정적 매매를 억제해 준다. 개별종목은 하락할 때 느끼는 심리적 부담이 매우 크고, 변동성이 심하면 불안해서 손절하거나 충동적으로 매수하는 일이 잦다. 하지만 미국 ETF는 그 자체로 분산되어 있고, 장기 수익률이 안정적이기 때문에 마음이 한결 편해진다. 하루의 등락이 크게 의미가 없고, 주요 뉴스에 과도하게 흔들릴 필요도 없다. 오히려 그때마다 이 정도 조정은 시장에서 흔한 일이라고 스스로에게 설명할 수 있다. 시장은 흔들려도, 나의 투자 전략은 흔들리지 않아야 한다는 사실을 배우게 된다.

이 단순한 전략이 강력한 이유는, 결국 시간이 모든 것을 증명하기 때문이다. 복리의 힘은 단기적으로는 미미해 보이지만, 장기적으로는 거대한 차이를 만든다. 5년, 10년, 20년이라는 시간을 함께 가져가고, 그동안 꾸준히 S&P500이나 나스닥100을 적립했다면, 그 결과는 개별종목 매매를 반복한 사람보다 훨씬 안정적이고 크게 나타날 가능성이 높다. 단순함을 유지하는 것이 오히려 가장 강력한 성과를 만들어내는 것이다.

그러므로 나는 이렇게 말하고 싶다. 투자는 예측보다 지속이며, 기술보다 습관이다. 화려한 분석보다 단순한 꾸준함이 더 중요하다. 이런 관점에서 미국 ETF는 투자자에게 가장 편안한 선택이 된다. 매일 시장을 관찰하지 않아도 되고, 종목을 고르는 부담도 없다. 단순히 시장의 가장 강력한 기업들에 자동으로 투자되는 구조 속에서, 나의 시간과 에너지를 더 중요한 일에 집중할 수 있다.

결국 미국 ETF가 오랫동안 사랑받는 이유는 너무 복잡하거나 과도하게 전략적인 방식이 아니라, 누구나 쉽게 이해하고 그대로 실천할 수 있는 단순함 속에 있다. S&P500과 나스닥100은 그 단순함 속에서 가장 강력한 장기투자 전략을 제공한다. 시장은 늘 흔들리지만, 이런 전략을 선택한 사람들은 결국 더 멀리, 더 안정적으로, 더 크게 성장한다. '복잡함을 버리고 단순함을 선택하라'는 오래된 투자 조언이 오늘날에도 여전히 유효한 이유가 여기에 있다.

Key Point

가장 단순하고 마음 편한 미국 투자법은 S&P500과 나스닥100 같은 대표 지수를 통해 시장 전체의 흐름을 통째로 사는 것이다. 종목 예측보다 꾸준한 적립이 더 큰 성과를 만들기 때문에, 미국 ETF는 장기투자자에게 가장 단순하면서도 가장 강력한 전략이 된다.

미국 ETF는 무조건 오를까?

　미국 ETF, 특히 S&P500과 나스닥100 같은 대표 지수 ETF 는 많은 투자자에게 장기투자 수단으로 오랫동안 사랑받아 왔다. 그 이유는 간단하다. 이들 지수 ETF는 미국 경제 전체의 흐름을 반영하며, 과거 데이터를 보면 단기적인 변동은 존재하지만, 장기적으로는 꾸준히 우상향하는 경향을 보여주었기 때문이다. 예를 들어, S&P500 지수의 역사를 살펴보면 1926년부터 현재까지 연평균 복합 성장률은 배당을 포함하면 약 9.8%에 달하며, 물가를 감안한 실질 수익률도 약 6% 수준을 기록해 왔다.

　더 나아가 최근 수십 년간 5년, 10년, 20년 단위로 구간별 수익률을 분석하면, 각각 약 13.6%, 11.3%, 8.4% 수준으로 안정적인 수익률을 나타내어 장기투자에서 충분히 신뢰할 만한 성과를 보여주었다. 이러한 역사적 데이터는 장기투자자에게 미국 ETF가 매력적인 이유로 작용하며, 투자 포트폴리오의 핵심 자산으로 활용되는 근거가 된다.

하지만 여기서 반드시 짚고 넘어가야 할 점이 있다. 미국 ETF가 단기적으로 무조건 오르는 것은 절대 아니다. ETF는 기본적으로 기초자산인 주식 지수의 움직임을 그대로 반영하기 때문에, 경제 상황, 금리 정책, 인플레이션, 정치적 사건, 지정학적 리스크 등 다양한 외부 요인에 따라 단기적으로는 가격이 흔들릴 수 있다.

실제로 과거 사례를 보면, 2000년대 초반 닷컴버블 붕괴, 2008년 글로벌 금융위기, 2020년 코로나19 팬데믹 초기 급락 등 큰 조정이 반복적으로 나타났다. 예를 들어, S&P500 월간 수익률의 표준편차가 약 20% 이상이라는 점을 보면, 한 달 단위로는 상당한 변동이 발생할 수 있음을 알 수 있다. 일부 구간에서는 수개월 또는 1년 이상 실질 수익률이 마이너스를 기록하기도 했고, 연속 고수익이 나타난 뒤에는 반작용으로 하락세가 이어진 사례도 존재한다.

따라서 장기투자라고 해서 단기 리스크가 완전히 사라지는 것은 아니며, 투자자는 이를 반드시 인지해야 한다.

그렇다면 이러한 단기 변동성을 어떻게 받아들이고 대응할 수 있을까? 핵심은 투자자의 심리적 대비와 전략에 있다.

ETF 가격이 내려갈 때 단순한 손실로 받아들이는 것이 아니라, 장기적 관점에서 미래 수익을 위해 저렴하게 매수할 기회로 활용할 수 있어야 한다. 역사적으로 보면, 20년 이상의 장기투자 구간에서는 거의 모든 경우에서 플러스 수익률을 기록했으며, 단기 조정이나 급락은 오히려 장기투자자에게 유리한 매수 기회를 제공했다.

예를 들어, 2008년 금융위기 시점에는 S&P500이 1년 만에 약 38% 하락했지만, 이후 10년간 꾸준히 상승하며 투자자들에게 큰 복리 효과를 안겨주었다. 이런 사례는 단기적인 하락에 흔들리지 않고 장기적인 성장 가능성을 믿는 것이 얼마나 중요한지 보여준다.

또한 장기투자에서는 전략적 접근이 필수적이다. 정기 매수, 분할 매수, 포트폴리오 리밸런싱 등 다양한 전략을 통해 하락기에도 대응할 수 있다. 예를 들어, 정기 매수는 일정 금액을 꾸준히 투자하는 방식으로, 가격이 낮을 때 더 많은 주식을 사고 가격이 높을 때는 상대적으로 적게 사는 효과를 통해 평균 단가를 낮추는 장점이 있다.

분할 매수 역시 큰 금액을 한 번에 투자하는 대신 여러 번 나누어 투자함으로써 가격 변동에 따른 리스크를 분산시킬 수 있다. 포트폴리오 리밸런싱은 일정 비율로 자산을 유지하도록 조정하는 과정으로, 특정 자산이 과대평가 되거나 과소

평가 될 때 자동으로 재조정되어 장기적인 안정성을 높이는 역할을 한다. 이러한 전략들은 단기 조정에도 침착하게 대응할 수 있는 기반이 된다.

결국 미국 ETF 투자에서 명심해야 할 점은 '무조건 오르는 투자'란 존재하지 않는다는 것이다. 장기적인 성장 가능성은 충분하지만, 단기적으로는 항상 변동성과 리스크가 존재한다. 중요한 것은 투자자가 이를 이해하고 준비하는 태도와 전략을 갖추는 것이다. 단기 변동에 일희일비하지 않고, 장기적 관점에서 꾸준히 투자하며, 조정 구간에서는 매수 기회로 삼는 접근법이야말로 ETF 투자를 단순하면서도 강력한 장기투자 수단으로 만드는 핵심 요소다. 역사적 데이터를 기반으로, 장기투자에서 성공한 많은 투자자의 사례를 보면, 이러한 태도와 전략이 얼마나 중요한지 명확히 알 수 있다.

결론적으로, 미국 ETF는 단기적인 변동성과 리스크를 피할 수는 없지만, 장기적인 관점에서 투자자의 삶과 재정 목표를 실현하는 가장 효율적인 도구 중 하나다. 변동성을 이해하고 대비하며 전략적으로 접근할 때, S&P500이나 나스닥100 같은 대표 지수 ETF는 단순한 투자 수단을 넘어, 안정적이고 지속 가능한 자산 성장의 핵심 수단으로 자리 잡는다. 이는 단순히 과거 성과만으로 판단하는 것이 아니라, 역사적 흐름, 리스크 관리, 투자 전략, 심리적 대비까지 모두 고려한 포괄적 접근에서 비롯된다. 따라서 미국 ETF 투자는 장기적 신뢰와 전략적 대응이라는 두 가지 축을 중심으로 바라볼 때, 그 진정한 가치를 발휘하게 된다.

Key Point

미국 ETF는 역사적으로 장기 우상향해 왔지만, 단기적으로는 경기·금리·정치 등 다양한 요인으로 인해 큰 변동성과 하락이 반복될 수 있다. 중요한 것은 단기 조정을 두려워하기보다 정기·분할 매수, 리밸런싱 같은 전략을 통해 장기 성장의 기회를 꾸준히 누리는 태도다. 결국 미국 ETF는 '무조건 오르는 투자'가 아니라, 변동성을 이해하고 오래 유지할 때 가장 강력한 장기 자산 성장 도구가 된다.

3장

내 아이의
첫 ETF 포트폴리오

부모가 줄 수 있는 가장 큰 재산은 시간을 앞당겨주는 것이다. 아이 명의로 계좌를 만들어 ETF나 우량주를 조금씩 사두는 일은, 돈보다 '복리의 시간'을 미리 시작하게 해주는 것이다. 아이들은 눈으로 보고 느끼는 걸통해 배운다. 아이들이 컸을 때 "이건 네가 어릴 때부터 가진 주식이야"이런 말을 해줄 수 있다면, 아이는 돈을 소비의 수단이 아닌 성장의 도구로 이해하게 된다. 단순히 용돈을 받아 쓰는 아이가 아니라, 자기 돈이세상 속에서 어떻게 일하고 자라는지를 아는 아이로 성장하게 된다.

첫 시작은 예금이었다

아이가 태어나면 아이 계좌를 만들어 아이가 받은 용돈은 따로 모아주고 싶다는 야무진 계획이 있었다. 아이에게 물려줄 건 많지 않더라도, 최소한 경제적인 시작점 하나는 만들어주고 싶다는 마음이었다. 실행력 하나는 남부럽지 않은 내가 아이가 태어나자마자 제일 먼저 한 일은 병원 서류보다도 아이 이름으로 된 통장을 개설하는 일이었다.

아이 앞으로 들어오는 소소한 용돈이나 축하금을 계좌에 넣으며 조금씩 쌓여가는 잔액을 보는 재미가 쏠쏠했다. 입금할 때마다 잔액이 오르는 숫자를 보고 있으면, 왠지 아이가 하루하루 자라는 모습을 지켜보는 듯한 기분이었다. 내가 좋은 엄마인 것 같다는 뿌듯함이 느껴지는 순간이었다.

아직 걷지도 못하는 갓난아이 시절엔 엎어지기만 해도 세뱃돈을 받았다. 몇천 원부터 몇만 원까지, 어른들의 마음이 담긴 돈이 통장에 들어왔다. 그 적은 금액들이 쌓여 잔액이 늘어갈 때면, 통장을 펼쳐 보는 일이 작은 취미가 되었다. 마치 저금통 속 동전이 꽉 차는 소리를 상상하며, 아이의 미래를 향한 통장이 조금씩 자라나는 듯했다.

아이가 태어나고, 통장을 만들어주고, 거기에 돈을 넣을 때까진 참 뿌듯했다. 작은 숫자들이 하나둘 늘어갈 때마다 마치 아이가 차곡차곡 키를 재는 것 같았다. 그 잔액을 확인하는 건 내 작은 행복이었고, 나는 아이를 위한 현명한 재테크를 하는 엄마였다.

하지만 그때까지만 해도 투자라는 단어는 나와 아무 관련이 없는 세계의 언어였다. 은행 예금에 돈을 넣어두면 언젠가 더 큰 돈이 될 거라 막연히 믿었다. 원금 보장이라는 박스 안에 갇혀 있었다.

그러던 어느 날, 통장을 들춰보다가 '이자 87원'이라는 숫자가 눈에 들어왔다. 순간, 나도 모르게 중얼거렸다. "뭐지? 이자 87원? 이게 다야?"

그 순간 깨달았다. 예금의 매력은 안정감이지만, 그 안정감은 곧 정체의 다른 이름이었다. 돈은 절대 줄어들지 않지만, 동시에 절대 늘어나지도 않았다. 물가가 오르는 속도와 예금 이자의 속도는 마치 거북이와 치타의 경기 같았다. 거북이는 늘 제자리였고, 나는 그 거북이를 내 아이의 통장 속에 가둬 둔 셈이었다.

물론 그때의 나는 그게 최선이라고 믿었다. 아이를 위한 돈 이니까, 까먹지 않는 것만으로도 반은 성공이라고 생각했다. 하지만 숫자가 제자리에서 멈춘 채 반복될수록 통장에 대한 흥미는 점점 사라졌다.

입금 내역은 늘어가는데, 성장의 기쁨은 느껴지지 않았다. 조금씩, 아주 조금씩 잔액이 늘어가긴 했지만, 그 속도는 내 마음의 열정을 따라오지 못했다. 결국 어느 순간부터는 아이 가 받은 용돈을 아이 계좌에 입금하는 일조차 숙제처럼 느껴 졌다. '아, 진수 용돈 받은 거 정리해서 입금해야 하는데'라는 생각과 함께 시간이 흘러갔다. 그 사이 아이가 받은 용돈은 내 통장 어딘가에 머무르며 생활비와 섞여서 사용되고 있었다.

가끔 이런 생각을 한다. '그때 그 돈을 그냥 S&P500 ETF 에 넣어만 놨더라도…' 그랬다면 지금쯤 통장은 훨씬 다른 얼 굴을 하고 있었을 것이다. 물론, 그때는 ETF가 뭔지도 몰랐 다. 주식은 위험하다고만 들었고, 투자는 돈 많은 사람들만 하 는 거라고 생각했다. 얼마 안 되는 푼돈 같은 아이의 용돈으 로 투자한다는 건 생각조차 하지 못하던 시절이었다.

하지만 지금 돌아보면, 그건 무지가 만든 벽이었다. '몰라서 안 한 것'과 '알면서 안 한 것'은 완전히 다르다. 나는 그저 몰랐을 뿐이었다.

만약 연이율 3% 예금에 1,000만 원을 넣어둔다고 가정해보자. 복리로 계산해도 10년 뒤 금액은 약 1,343만 원이다. 10년 동안 34%가 늘어난 셈이니, 나쁘지 않다고 생각할 수도 있다. 하지만 그 사이 물가가 매년 2~3%씩 올랐다고 가정하면, 실질 구매력은 거의 제자리다. 실질 구매력이 제자리라는 의미는 잔액은 늘었지만, 그 돈으로 살 수 있는 물건의 수는 그대로라는 것이다.

이제 같은 1,000만 원을 S&P500에 투자했다고 해보자. S&P500의 지난 30년간 연평균 수익률은 약 10% 안팎이다. 보수적으로 연평균 9%로 계산해도 10년 뒤 금액은 약 2,367만 원이 된다.

수익금 300만 원과 1,300만 원의 차이는 복리의 힘이 만들어낸 결과인 것이다. 투자한다는 것은 그냥 세상의 흐름에 올라타는 것이다. 애플이 잘되면, 마이크로소프트가 커지면, 그들의 성장이 조금씩 내 자신에 스며든다. 내가 일하지 않아도 세상이 일해주는 것, 그것이 투자의 매력이다.

물론, 과거를 돌이켜봐야 소용없다는 걸 안다. 하지만 그 아쉬움 속에서 배운 게 있다. 돈을 모으는 일은 단순히 '모으는 것'이 아니라 '굴리는 방법'을 알아가는 과정이라는 것이다.

예금은 나에게 안정감을 줬지만, 흥미를 주진 못했다. 나는 경험으로 깨달았다. 돈이 불어나는 기쁨 없이 단순히 모으는 행위만으로 저축을 지속하는 건 한계가 있다는 것이다.

아이의 용돈을 따로 모아주겠다는 야심 찬 계획이 기억 속에서 잊힐 무렵, 나는 주식이라는 투자의 신세계에 첫발을 내딛게 되었다. 그 시기에 아이의 계좌에도 변화가 생기기 시작했다.

Key Point

수익금 300만 원과 1,300만 원의 차이는 복리의 힘이 만들어낸 결과이다. 투자한다는 것은 세상의 흐름에 올라타는 것이다. 애플이 잘되면, 마이크로소프트가 커지면, 그들의 성장이 조금씩 내 자신에 스며든다. 내가 일하지 않아도 세상이 일해주는 것, 그것이 투자의 매력이다.

주식을 매수해 볼까?

'진수 계좌에 돈이 얼마가 있었더라. 그걸로 삼성전자 주식을 매수해야겠다.'

2018년 10월, 나는 생애 첫 주식을 매수했다. 그전까지 주식 투자라는 건 돈이 많거나, 전문가이거나, 뭔가 특별한 재능이 있는 사람들이 하는 것으로 생각했다. 언감생심 주식 투자의 '주'자도 생각해 본 적이 없었다. 그랬던 내가 우연한 계기로 삼성전자 주식을 매수하면서 새로운 세상에 눈을 떴다.

매월 일정 금액으로 삼성전자를 매수하던 그때, 어느 날 기억 속에서조차 희미해진 아이의 용돈 통장이 생각났다. 유아기 시절 몇 년 동안 차곡차곡 입금했던 아이의 계좌는 그동안 잊고 살아서 통장이 어디에 있는지조차 알 수가 없었다. 인터넷 뱅킹도 없고, 통장도 없어서 은행 지점까지 방문해서 통장 재발급 신청을 받았다. 계좌를 확인해 보니 100만 원가량의 원금이 이자 몇십 원과 함께 고스란히 보관되어 있었다.

그동안 아이가 받은 용돈은 흐지부지 생활비로 사용되고 있었다. 어른들이 주는 용돈을 모아 아이 미래를 위해 종잣돈을 모아줘야 한다는 의무감과 귀차니즘 사이에서 나는 아이에게 왠지 모를 미안함이 쌓여가고 있었다. 하지만 열정이 사라진 자리에는 귀찮음만 남아있을 뿐이었다. 그때 아이 계좌에 주식을 모아줘야겠다는 새로운 목표 의식이 내 열정에 불을 붙였다. 나는 바로 주식을 매수하기 위해 증권사에서 CMA 계좌를 개설해야겠다고 생각했다.

미성년자 계좌 개설은 생각보다 간단했다. 평소 쓰던 증권사 앱을 열었다. 요즘은 은행에 가지 않아도 비대면으로 계좌 개설이 가능하다. 계좌 개설 메뉴로 들어가서 '미성년자(자녀) 계좌 개설'을 누르자 필요한 서류 목록이 친절히 안내됐다.

부모님 명의 휴대폰

부모님 명의 신분증

부모님 명의 민간인증서

부모님 타행 계좌

가족관계증명서

기본증명서(상세)

이 서류들은 정부24 앱에서 바로 발급할 수 있다. 예전 같으면 구청에 가서 번호표를 뽑고 기다렸겠지만, 이제는 마우스 클릭 몇 번 하면 끝이다. 디지털 시대의 부모가 된 기분이 들었다.

앱에서는 '법정대리인 인증' 단계를 거친다. 간단히 말하면, 이 아이가 정말 내 자녀인지 확인하는 절차다. 가족관계증명서를 업로드하고, 부모 본인의 신분증을 촬영하면 자동으로 인식된다. 잠시 후 '확인 완료' 문구가 떴다. 그 순간, 이상하게도 마음이 조금 벅찼다. 이건 단순한 계좌 개설이 아니라, 내 아이가 금융이라는 세계에 첫발을 내딛는 의식 같았다.

내가 이용하는 증권사를 기준으로 아이가 개설할 수 있는 계좌의 종류는 증권종합, CMA, 연금저축, S-Lite이다. 각 계좌는 계좌마다 고유한 기능과 차이점이 있는데, 나는 그걸 모르고 무조건 CMA 계좌를 개설했다. 일단 개설하고 보자는 생각이었는데, 처음에 개설할 때 제대로 알아보지 않았던 걸 나중에 후회했다.

그 이유는 생애 첫 계좌 개설 같은 이벤트에 참여하지 못했고, 계좌마다 수수료가 다르다는 것도 몰랐기 때문이다. 나중에 차이점을 알고 수수료가 낮은 계좌를 개설하려고 했더니, 최초 계좌를 개설할 때만 가능하다고 해서 난감했다. 처음 계좌를 개설할 때 수수료 낮은 계좌를 개설했으면 아이가 평생 혜택을 볼 수 있는 거였는데, 지금 생각해도 너무 아쉽다. 심지어 계좌를 개설하고 나서 '평생 수수료 무료 혜택' 이벤트를 보고 놀라기도 했다.

나처럼 두고두고 후회하지 않으려면 처음 계좌를 개설할 때 잘 알아보고 신중하게 선택할 필요가 있다. 계좌는 한 번 개설하면 평생 사용해야 하니까 귀찮더라도 관심을 갖는다면, 아이의 자산 증식에 도움이 될 것이다. 계좌의 종류는 증권사마다 약간의 차이가 있겠지만, 내가 이용하는 증권사를 기준으로 계좌 종류를 알아보면 다음과 같다.

증권종합: 주식과 금융상품을 한 계좌에서
CMA: 하루만 맡겨도 정해진 이자가 솔솔
연금저축: 세액공제 혜택, 미래를 위한 준비
S-Lite: 0.013% 가벼운 주식 수수료

가장 좋은 건 평생 수수료 무료 혜택 이벤트를 통해 수수료 없는 계좌를 만드는 것이다. 하지만 이런 이벤트는 언제 진행될지 예상할 수 없어서 S-Lite 같은 수수료가 낮은 계좌를 만들면 좋다.

처음 계좌를 개설할 당시면 해도 나는 수수료에 대한 개념이 없었다. 수수료가 나가면 얼마나 나가겠나 싶었다. 근데 거래 금액이 커질수록, 거래할 때마다 거래 금액에 적용되는 수수료도 함께 커졌다. 처음 계좌를 개설할 때 장기적인 관점으로 수수료 낮은 계좌를 꼭 고민해야 하는 이유이다.

그럼에도 불구하고 계좌나 증권사 선택에 너무 많은 시간을 보내는 걸 추천하지 않는다. 주위에 보면 뭐든 너무 신중해서 알아보고 고민하다가 결국 실행을 못 하는 경우도 많다. 로마의 철학자 카토(Carto)는 "머뭇거리는 사람은 길을 잃는다"라고 말했다. 머뭇거리다 보면 더 선택하기가 어려워지고, 더 망설여지게 된다. 그러다 보면 분석만 하다가 두려움과 결정 피로(결정을 내리기 위해 너무 오래 고민한 후에 최선의 결정을 내리지 못하게 되는 상태)를 느껴 자포자기 심정이 돼버린다. 성공이든 후회든 직접 해봐야 알게 된다. 나처럼 나중에 후회하더라도 일단 계좌를 개설해서 투자를 시작해 보자.

계좌 개설을 완료하고 은행에 있던 100만 원을 증권사로 이체했다. 100만 원 전부 삼성전자 주식을 매수했다. 두근두근. 내 아이 계좌에 첫 주식 매수가 완료된 날이었다. 아이의 계좌에 주식을 매수하는 순간 더 많이 투자해 주고 싶다는 욕망이 솟구쳤다. '그래, 앞으로 적금 든다고 생각하고 매월 1주씩 삼성전자 주식을 매수해 주는 거야.'

그 당시 삼성전자 주식은 5만 원 미만이었다. 나는 5만 원짜리 적금을 든다고 생각하고 매월 1주씩 아이 계좌에 삼성전자 주식을 매수했다. 한 달에 한 번씩 계좌를 열어보면 오르기도 하고 떨어지기도 했다. 오르면 올라서 좋고, 떨어지면 떨어지는 대로 싸게 살 수 있어서 좋았다. 어차피 내가 당장 쓸 돈이 아니었기에 여유 있는 마음으로 계좌를 지켜볼 수 있었다.

주식을 매수하면서 당시 초등학교 4학년이었던 아이에게 주식에 관한 얘기를 하기 시작했다.

"진수야, 엄마 오늘 주식 샀어."

"주식? 그게 뭐야? 왜 샀는데?"

"삼성전자라는 회사가 있어. 그 회사의 아주 작은 조각을 산 거야. 그러면 그만큼 엄마가 그 회사의 주인이 되는 거야."

"삼성전자가 뭔데?"

"삼성전자는 우리가 매일 쓰는 스마트폰, TV, 컴퓨터를 만드는 회사야. 엄마 휴대폰도, 네가 보는 태블릿도 다 삼성전자에서 만든 거야."

책이나 영상을 보면 아이와 주식 투자에 관한 얘기를 하라고 말한다. 나는 나도 잘 모르는 주식에 대해서 아이와 어떻게 대화를 나눌 수 있을까 생각한 적이 있었다. 근데 주식 얘기를 꺼내자, 아이의 계속되는 질문으로 한참 동안 주식에 관한 대화를 나눌 수 있었다. 예상치 못했던 아이의 질문에 당황하기도 했고, 자기도 회사 주인이 되겠다며 의욕을 앞세웠다. 본인의 옷이나 신발을 가져와서 이 회사의 주식도 살 수 있겠다며 신나 했다. 아이에게 주식 얘기를 하는 게 숙제처럼 느껴졌는데, 의외로 너무 쉽게 받아들이며 신나 하는 모습에 웃음이 났다.

그렇게 일 년 넘게 매월 삼성전자 주식을 매수했다. 처음엔 주가가 5만 원 미만이었기 때문에 매월 5만 원씩 적금 든다고 생각하고 가벼운 마음으로 시작했다. 그러다 주가가 올라 5만 원이 넘어가니 슬슬 부담되기 시작했다. 주가가 얼마까지 오를지도 모르고, 정해진 금액이 아니라 주가에 따라 투자 금액이 변동되니 이 또한 약간의 스트레스로 다가왔다.

그러던 찰나, 삼성전자 주식뿐 아니라 다양한 상품이나 회사에 투자하고 싶다는 생각이 들었다. 삼성전자에만 투자하는 게 과연 전부일까? 라는 본질적인 고민과 함께 매월 1주씩 직접 주식을 매수하는 행위 자체가 슬슬 귀찮아지기 시작했다. 뭔가 다른 대안이 필요했다.

Key Point

삼성전자 주식을 계기로 처음 투자를 시작하며, 잊고 지내던 아이의 통장에 다시 관심을 갖고 미성년자 주식계좌를 개설해 아이 미래를 위한 첫 투자를 진행했다. 계좌를 만들어 보며 수수료와 계좌 종류가 얼마나 중요한지 뒤늦게 깨달았고, 좀 더 자세히 알아보지 않은 게 후회됐다. 하지만, 가장 큰 배움은 '완벽하지 않아도 일단 시작해야 한다'는 사실이었다.

펀드에 가입하다

처음엔 그저 '삼성전자' 한 주였다. 익숙한 이름, 믿음직한 기업, 모두가 안다고 말하는 회사. 그 주식을 처음 샀을 때의 설렘은 아직도 생생하다. 손끝으로 매수 버튼을 누르던 그 순간, 나는 마치 세상의 아주 작은 일부를 손에 쥔 듯한 기분이었다.

하지만 시간이 지나면서 알게 되었다. 이 세상에는 삼성전자 말고도 수많은 기업과 산업이 있었다. 누군가는 태양광에 투자하고, 누군가는 반도체 대신 헬스케어를 산다. 주식의 세계는 생각보다 훨씬 넓고, 그 안에는 내가 모르는 가능성이 숨어 있었다.

그러던 어느 날 나도 본격적으로 주식 투자를 해보고 싶다는 생각이 들었다. 삼성전자 주식을 적립식으로 매수하다 보니 안정적으로 수익이 났다. 이렇게 쉽게 수익이 나는 투자를 나는 왜 모르고 살았나 싶은 생각에 본격적으로 주식 투자 관련 책을 사서 읽기 시작했다.

하지만, 주식 투자에 관한 책을 읽으면서 마음이 점점 무거워졌다. 아무 생각 없이 삼성전자 주식을 매수할 때는 주식이란 게 별거 아니네, 그냥 꾸준히 사기만 하면 된다고 생각했다. 사서 모으는 재미가 있었다. 늘어나는 수량을 보면서 내 아이가 부자가 되어가는 것 같다는 생각에 흐뭇했다.

이런 게 주식 투자라고 생각했는데 책을 읽을수록 '뭐지? 주식 투자하려면 이런 걸 다 알아야 한다고?'라는 생각이 들 정도로 어려운 용어와 기술들로 가득했다. 아주 기본적인 것만 알면 된다고 언급한 책에서조차 일반인들에게 낯선 용어들이 언급됐다. 나는 책을 읽으면서 진짜 이런 용어를 알아야 주식 투자가 가능할 것인지 궁금했다.

아주 쉽게 일반인들이 기업 분석하는 방법을 설명한 책이 있었다. 기업 분석을 하기 위해서 주식가격, 목표가, 주요 사업 내용, 재무안정성, 위험 요인, 관련 주식, 전문가 투자 의견을 작성해 보라는 것이었다.

좋은 방법이긴 한데, 직장인인 내가 투자하기 위해서 수많은 회사를 일일이 기업 분석을 해가면서 투자할 수 있을까? 의문이 들었다. 내가 투자하고 있는 한두 개의 회사들에 대해서 작성해 볼 수는 있겠지만, 기본적으로 기업 분석을 하는 목적은 내가 투자할 회사를 선택하기 위해서 하는 것이다. 관심 있는 수십, 수백 개의 회사들을 분석한 뒤 내가 투자할 몇 개의 회사를 선택하는 것이다. 나에게 과연 이럴 시간이 있을까?

또 많이 언급되는 내용 중 하나가 주식을 사려고 할 때 가장 중요한 요소가 경영진의 자질이라는 것이다. 이론상으로는 맞는 얘기다. 기업의 성장은 모든 구성원의 노력으로 이루어지지만, 그 방향과 속도를 결정짓는 핵심은 결국 경영진이다. 새로운 사업에 도전하거나 기존 사업을 확대하는 등 중요한 결정을 내리는 주체가 바로 그들이기 때문이다.

좋은 말이긴 한데, 일반인인 내가 과연 어떻게 경영진의 자질을 판단한다는 건지 의문이 생겼다. 직접 기업에 방문해서 경영진을 만나볼 수 있는 것도 아니고, 인터넷을 검색해서 나오는 자료들로 경영진의 자질을 판단할 수 있는 것도 아이러니였다. 경영진의 자사주 매매 상황 같은 내용들이야 뉴스를 통해서 확인할 수 있겠지만, 이것도 상황이 종료된 후에나 접하게 되는 내용이다.

특히 주식의 가격이 매수하기에 적정한지 판단해야 하는데, 그 적정선을 판단하기 위해 쓰이는 몇 가지 지표가 있다. 그 지표들이 어떻게 사용되는지 기초적인 상식을 갖춰야 한다. 각 지표가 어떤 의미인지는 알고 있어야 기업이 좋아지고 있는지 나빠지고 있는지를 파악할 수 있기 때문이다. 기초적인 상식이라고 언급되는 대표적인 몇 가지 지표들을 살펴보면 다음과 같다.

1. EPS(Earning Per Share, 주당순이익)

EPS는 기업의 주당순이익을 의미한다. 당기순이익을 발행 주식 수로 나눈 것이다. 쉽게 말해, 회사가 1년 동안 벌어들인 이익을 주식 한 주당 얼마나 가져가는지를 보여주는 지표이다. 예를 들어, 1년 순이익이 100만 원이고 발행된 주식 수가 10,000주라면 EPS는 100이 된다. 즉, 주식 한 주가 1년 동안 100원의 이익을 벌어들였다는 뜻이다. EPS가 높다는 건 그만큼 기업이 돈을 잘 벌고 있다는 의미이고, 최근 몇 분기 연속으로 EPS가 꾸준히 올라가고 있다면 단순한 반짝 실적이 아니라 꾸준히 성장하고 있다는 긍정적인 신호로 볼 수 있다.

2. PER(Price Earnings Ratio, 주가수익비율)

PER은 주가수익비율을 의미한다. 기업의 현재 주가를 주당순이익(EPS)으로 나눈 값을 말한다. 즉, 주가를 기업의 수익성 측면에서 얼마나 합리적인 수준인지 판단하는 지표다. 예를 들어 기업의 주가가 10,000원이고, 주당순이익(EPS)이 2,000원이라면 PER은 5가 된다. 이는 곧 이 기업의 주식은 순이익의 5배 가격으로 거래되고 있으며, 이익이 동일하게 유지된다고 가정하면 투자 원금을 회수하는 데 약 5년이 걸린다는 뜻으로 이해할 수 있다.

일반적으로 PER이 낮을수록 주가가 저평가되어 있다고 판단하기 쉽지만, 이 수치는 반드시 같은 업종 내에서 비교해야 의미가 있다. 성장성이 높은 산업일수록 현재 이익에 비해 미래 기대감이 주가에 반영되기 때문에, PER이 상대적으로 높게 형성되기도 하기 때문이다. 대표적인 사례로 헬스케어나 IT 분야의 성장주를 들 수 있는데, 이들 기업은 현재 이익은 적더라도 미래 성장 가능성이 크기 때문에 PER이 30~40 수준으로 거래되는 경우도 있다. 따라서 PER이 높다고 해서 단순히 비싸다고 판단하기보다는, 그 속에 반영된 성장성의 의미를 함께 고려해야 한다.

3. PBR(Price on BOOK-value Ratio, 주가순자산비율)

PBR은 주가순자산비율을 의미한다. 주가를 주당순자산으로 나눈 값이다. 주식이 기업의 자산에 비해 얼마나 고평가, 혹은 저평가되어 있는지를 보여준다. 쉽게 말하면, 기업의 자산가치 관점에서 주가를 판단하는 지표이다. 순자산이란 회사가 영업을 중단하고 모든 자산을 정리한 뒤 주주에게 분배할 수 있는 금액을 의미한다. 부동산, 기계, 현금 등 회사가 가진 모든 자산의 장부가치를 합한 것이라고 이해하면 된다. 그 때문에 순자산을 청산가치라고 부르기도 한다. 예를 들어, 한 기업의 시가총액이 1조 원인데 보유하고 있는 순자산이 2조 원이라면, 이 기업의 PBR은 0.5가 된다. 이 기업은 자산 대비 저평가되었다고 할 수 있는데, 주가가 순자산의 0.5배밖에 되지 않기 때문이다.

하지만 PBR이 낮다고 무조건 좋은 주식이라고 판단하는 것은 위험하다. PER과 마찬가지로, 보통 성장성이 낮은 기업일수록 PBR이 낮게 나타나는 경우가 많기 때문이다. 따라서 PBR을 평가할 때는 업종과 성장성을 함께 고려하는 것이 중요하다.

4. ROE(Return On Equity, 자기자본이익률)

ROE는 자기자본이익률을 의미한다. 순이익을 자기자본으로 나눈 것이다. 기업이 자기자본을 활용해 얼마나 효율적으로 이익을 냈는지를 보여주는 지표이다. 쉽게 말해 투자한 자본 대비 수익이 어느 정도인지를 확인하는 척도라고 할 수 있다. 예를 들어 한 기업의 자본이 1,000만 원이고, 1년 동안 200만 원의 순이익을 냈다면 ROE는 20이다. 이를 은행 예금에 비유하면 이해가 쉽다. 요즘 같은 시기라면 은행에 1,000만 원을 맡겼을 때, 이자는 연 10만 원 안팎이다. ROE 20%는 이보다 훨씬 높은 수익을 냈다는 의미이다. 일반적으로 ROE는 높을수록 좋으며, 최소한 시중 금리보다 높아야 투자 가치가 있다고 판단할 수 있다.

다만 ROE 수치만 보고 판단하는 것은 위험하다. ROE가 높아진 이유가 순이익 증가 때문인지, 아니면 자본이 줄어서 생긴 착시인지를 반드시 확인해야 한다. 실제로 한국 기업 중에는 현금을 과도하게 보유하고 있어 ROE가 낮게 나타나는 경우가 있다. 이런 기업이라면 주주를 위해 현금을 배당하거나 자사주 매입에 활용하여 ROE를 높이는 노력을 하는 경우가 많다.

기초적이라는 이런 지표들에 월봉, 주봉 같은 차트 보는 방법까지 알게 됐을 땐 거의 투자를 포기하고 싶어졌다. 아이 키우면서 직장 다니는 나 같은 평범한 워킹맘이 어떻게 이런 기술적 지표들을 공부하고 기업을 분석해 가며 주식 투자를 할 수 있단 말인가.

게다가 나는 이런 지표들을 공부해서 미국 회계사 시험에 합격했다. 이론적으로 이 지표가 무슨 의미인지를 알아도 이것과 기업을 분석해서 투자까지 선택하는 것은 다른 영역이다. 심지어 기본적인 지식이 있는 나도 이런데, 일반적인 사람들은 지식부터 쌓으려면 주식 투자는 넘을 수 없는 벽처럼 느껴질 것이다.

곰곰이 생각하다가 나는 더 이상 투자 기술에 관한 책은 읽지 않기로 했다. 차트를 분석하든 기업을 분석하든 이런 기술적인 부분은 펀드매니저의 역할이라고 결론을 내렸다. 내가 직접 기업을 발굴해서 워런 버핏 같은 큰 수익을 내면 좋겠지만, 나는 그럴 능력도, 시간도 없었다. 나는 좋은 상품과 믿을만한 펀드매니저를 찾아서 내 돈을 안전하게 맡기는 것이 나의 역할이라고 생각했다.

나는 아이들에게 삼성전자 1주씩 매수하는 대신 뭔가 다른 대안이 필요하다고 생각하고 있었다. 그래서 개별 회사 주식을 매수하는 대신 펀드에 가입해 주기로 했다. 이 당시에는 지금처럼 ETF라는 걸 알지 못했고, 펀드가 유일한 대안이었다. 때마침 내가 생각하던 믿을만한 펀드매니저가 아이들을 위한 펀드를 출시했다. 2020년 5월, 나는 망설임 없이 두 아이 앞으로 각각 10만 원씩 펀드에 가입했다.

Key Point

삼성전자 주식만 사던 투자에서 벗어나 다양한 기업과 산업을 알아보려 책을 읽었지만, 복잡한 지표와 기업 분석의 벽을 느끼며 '일반인이 직접 모든 걸 공부하는 건 현실적으로 어렵다'는 결론에 이르렀다. 결국 기술적 분석과 기업 분석은 전문가의 역할이라고 판단했고, 아이에게 개별 주식을 사주는 대신 더 안전하고 꾸준히 맡길 수 있는 상품을 찾기 시작했다.

돼지저금통으로
종잣돈 마련하기

　2024년 12월 어느 날, 2년가량 모은 작은아이의 돼지저금통을 개봉하는 날이었다. 도대체 얼마가 들었을까? 너무 궁금했다. 100만 원? 200만 원? 아니면 300만 원?? 궁금한 건 나뿐만이 아니었다. 아이를 포함한 온 가족이 돼지저금통을 개봉하는 그날만 기다렸다고 해도 과언이 아니었다. 특히 그 누구보다도 아이 본인의 기대와 궁금증이 가장 컸을 것이다.

"엄마, 나 내일 돼지저금통 깰 거야."
"그래? 초등학교 졸업식 끝나고 깬다더니?"
"얼만지 궁금해서 깨고 싶어."

　초등학교 졸업식 날 개봉하겠다던 저금통을 아이가 궁금하다며 당장 다음날 개봉하겠다고 했다. 갑자기 저금통을 개봉하기로 하면서 나를 포함한 온 가족은 한껏 들떴다.

"오늘 민수의 돼지저금통 개봉식이 있을 예정입니다. 관심 있으신 분들은 거실로 모여주세요."

온 가족이 정해진 시간에 거실에 모여 앉았다. 작은아이가 대망의 돼지저금통을 들고 거실로 입장했다. 후광을 뿜어내며 등장한 황금빛으로 반짝이는 그것은 시중에서 판매하는 가장 큰 왕 특대 사이즈로 가격도 만 원을 훌쩍 넘었다. 우리는 모두 경건한 마음으로 돼지저금통을 둘러싸고 모여 앉았다.

사이즈만 봐서는 그 안에 얼마가 들어 있을지 가늠이 안 됐다. 드디어 그 큰 사이즈에 얼마나 들어갈 수 있는 건지, 아이가 그동안 얼마나 모았는지, 2년이라는 시간이 얼마나 긴 시간인지 드디어 확인할 수 있게 됐다.

아빠가 식칼로 돼지저금통의 배를 가르기 시작했다. 큰 사이즈만큼이나 두께도 두꺼웠기 때문에 자르는 것 자체가 쉽지 않았다. 자칫하면 다칠 수 있는 상황이었기에 모두가 숨죽여 그 광경을 지켜보고 있었다.

배를 가른 후 한쪽을 살짝 들어보았다. 그 틈으로 저금통을 가득 채우고 있는 지폐들이 보였다. 천 원짜리가 대부분이긴 했지만, 그 큰 저금통의 부피를 지폐로 채울 수 있다는 것만으로도 놀라웠다. 아빠는 배를 완전히 가르고 저금통을 거꾸로 뒤집어 돈을 쏟아내기 시작했다. 저금통에서 끝없이 쏟아지는 지폐의 모습은 하늘에서 돈벼락을 맞는 것 같은 착각을 하게 했다. 그렇게 쏟아진 돈이 거실 바닥을 한가득 메웠다.

"와, 진짜 대박이다. 이런 장면 처음 봐."
"하늘에서 돈벼락이 떨어지는 것 같아."
"이런 장면은 동영상으로 남겨야 해."
"진짜 정말 신기하다."

평생 본 적도 없는, 그리고 앞으로도 볼 것 같지 않은 이 장면에 모두가 환호했다. 지금 생각해도 짜릿한 경험이었다. 이렇게 많은 양의 현금이 하늘에서 쏟아진다는 게 신기할 따름이었다. 그날의 그 장면은 모두의 기억에서 잊을 수 없는 추억이 되었다.

그다음 순서는 돈을 정리하는 일이었다. 각자 분업이라도 하듯이 자기 앞에 있는 돈을 하나하나 정성스럽게 펴서 차곡차곡 쌓았다. 처음에 신난다, 신기하다, 대박이다, 라는 말을 해가며 작업을 하다가 어느 순간부터 말이 없어졌다. 생각보다 양이 많고 오랜 시간이 걸리는 일이었다. 그렇게 모아놓은 돈을 종류별로 천 원, 오천 원, 만 원, 오만 원권으로 분류했다. 그런 뒤 권종별로 십만 원씩 분류해서 각자가 계산한 금액을 종이에 적은 뒤 합산하기로 했다.

십만 원, 이십만 원, 삼십만 원, 돈을 세면서 종이에 표시했다. 합계 금액이 얼추 백만 원이 넘었다.

"백만 원이 넘었는데 아직도 돈이 반 이상 남았어. 아무래도 삼백만 원이 넘을 것 같아."

돈을 세면 셀수록 예상했던 것보다 더 많은 돈이 될 것 같다는 기대감이 커졌다. 아이는 돈을 세는 내내 얼굴이 상기되어 있었다. 이 순간을 위해 먹고 싶은 거, 사고 싶은 거 참고 돈을 모아온 아이가 정말 대견스러웠다.

각자의 계산이 끝났다. 각자 계산한 종이를 한곳에 모아 계산기로 합산을 해보았다. 모두가 그 광경을 조용히 지켜보고 있었다. 합계 금액은 백만 원, 이백만 원, 삼백만 원, 사백만 원을 넘어 자그마치 4,811,209원이었다.

"와, 진짜 대박이다. 돼지저금통으로 480만 원을 모았어. 살면서 돼지저금통으로 480만 원 모은 사람 처음 본다. 민수 너 진짜 대단하다."

나는 흥분을 감추지 못하고 아이의 머리를 연신 쓰다듬으며 말했다. 어떤 의지로 2년간 돈을 모아왔는지 누구보다 잘 아는 나는 아이가 목표를 달성한 것에 대한 큰 기쁨이 있었다. 무엇보다도 이번 경험이 앞으로의 더 큰 목표를 위한 원동력이 될 것이란 걸 알기에 가슴에 뭉클한 감동이 느껴졌다.

여러 번 실패했지만, 아이들이 어렸을 때부터 포기하지 않고 계속 시도했던 것은 돼지저금통으로 종잣돈을 마련하는 일이었다. 속이 보이는 거 안 보이는 거, 사이즈 큰 거 작은 거, 모양도 크기도 다양한 돼지저금통을 사고 또 샀다.

나는 저금통으로 어느 정도의 종잣돈을 모으고, 모은 돈을 주식에 투자하고, 그것을 반복한다면 아이에게 좋은 투자 습관을 만들어줄 수 있을 거라고 생각했다. 그래서 일단은 크든 작든 아이가 저금통 한 개를 채워보는 성취감을 느끼길 바랐다. 그런데 이게 생각만큼 쉽지 않은 일이라는 걸 큰아이를 키우면서 깨달았다.

큰아이는 어렸을 때부터 유독 군것질을 좋아했다. 혼자 돈을 쓸 줄 알게 된 일곱 살 때부터 돈이 생기면 마트로 직행했다. 아무리 책을 읽어주고 설득해도 돈만 생기면 군것질하기 바쁜 아이를 바꾸는 건 쉽지 않았다.

초등학교에 들어가니 씀씀이는 더 커졌다. 명절 때 받는 목돈까지 야금야금 군것질하는 데 다 써버렸다. 살살 꼬셔서 돼지저금통에 저금해 주고, 그걸로 뭔가 돈이 쌓여가는 성취감을 느끼길 바랐다. 그런데 참지 못하고 이내 저금통을 갈라서 그 돈으로 군것질하기도 했다.

그렇다고 아이를 혼내거나 크게 나무란 적은 없었지만, 접근 방법에 대한 고민을 많이 하게 됐다. 용돈 기입장을 쓰게 해보기도 하고, 어린이 경제 동화 같은 책을 읽어주기도 했다. 아이 이름으로 된 통장을 보여주고, 돈이 쌓여가는 과정을 숫자로 보여주기도 했다.

다양한 방법을 시도해 봐도 딱히 효과가 없던 그때, 문득 생각난 게 있었다. 어찌 됐든 저금통 한 개를 채우는 경험을 최대한 이른 시일 내에 해줘야 한다는 것이었다. 그래서 과일 배만 한 크기의 속이 보이는 저금통에 동전과 지폐로 3분의 1을 채운 뒤 아이에게 생일 선물로 주었다. 그랬더니 아이가 흥미를 보이기 시작했다. 이 방법이 확실한 효과가 있었다. 조금만 채우면 저금통이 다 찰 것 같아서인지 아이가 저금하기 시작한 것이었다.

큰아이를 통해 효과를 확인하고, 작은아이에게도 동일한 방법으로 저금통을 선물했다. 돈에 대한 집착이 조금 더 강했던 작은아이는 금세 돼지저금통을 가득 채웠다. 처음으로 다 채운 저금통을 깨서 그 돈을 주식계좌에 입금했다.

작은아이는 이내 더 큰 저금통을 채우고 싶다면서 대왕 저금통을 사달라고 했다. 나는 얼씨구나 싶어서 인터넷에서 구매할 수 있는 가장 큰 저금통을 아이에게 사주었다. 아이는 열심히 저금했고, 다 채우진 못했지만 1년 만에 저금통을 개봉했다. 2023년 1월, 아이가 초등학교 4학년 때의 일이었다. 왕 돼지저금통으로 모은 돈은 1,412,000원이었다.

140만 원이라는 큰돈을 눈으로 직접 확인한 아이는 이번엔 돼지저금통을 꽉 채워보겠다며 같은 사이즈의 저금통을 다시 사달라고 했다. 그때부터 2년 동안 거의 모든 용돈을 저금하고, 설거지, 화장실 청소, 빨래 개기 등 집안일로 알바해서 그 돈까지 모조리 저금했다.

솔직히 고백하자면, 나는 저금통을 개봉했을 때 아이가 생각했던 것보다 큰돈이 모여 있기를 바랐다. 저금할 때는 작은 돈이지만, 모이면 큰돈이 된다는 걸 느끼게 해주고 싶은 마음이었다. 그래서 틈틈이 만 원, 오만 원을 몰래 집어넣었다. 물론 내가 생각했던 것보다도 목돈이 모여서 내가 몰래 저금한 돈은 대세에 큰 영향은 없었다.

세 번의 경험을 통해서 아이의 저축 습관이 확실히 자리 잡았다. 이제 중학생이 된 작은아이는 돼지저금통 없이도 예금통장을 통해서 종잣돈을 모으고 있다. 초등학교 시절 돼지저금통으로 모은 700만 원가량의 종잣돈은 지금 아이의 주식계좌에서 무럭무럭 자라나고 있다.

어린 시절 작은 돈이 큰돈으로 자라나는 경험을 한 아이는 올바른 소비 습관과 경제관념을 형성하게 된다. 돼지저금통은 아이가 이런 경험을 하기에 좋은 도구라고 생각한다. 지금 당장 아이에게 약간의 돈이 들어있는 돼지저금통을 선물해 보면 어떨까?

Key Point

아이가 2년 동안 돼지저금통에 모은 돈을 개봉했는데, 무려 480만 원이 나와 온 가족이 감동과 놀라움을 함께했다. 어린 시절 돼지저금통으로 종잣돈을 모은 경험은 아이의 올바른 소비 습관과 투자 습관 형성에 큰 밑거름이 되었다.

엄마는 현금 교환소

"엄마, 이거 동전으로 바꿔줘."

"어, 천 원이면 백 원짜리가 열 개네. 여기 있어."

"엄마, 이거 천 원짜리로 바꿔줘."

"어, 천 원으로 바꾸려면 백 원짜리가 열 개 있어야겠네. 진수야, 천 원으로 바꾸려면 백 원짜리 한 개가 더 필요해."

천 원을 백 원으로 바꾸고, 백 원을 천 원으로 바꾸길 수십 번, 아이는 연신 나를 찾아왔다. 만 원을 천 원으로 바꾸고, 천 원을 만 원으로 바꾸길 수십 번, 그제야 아이는 잠이 들었다. 큰아이가 다섯 살이 되었을 무렵이었다.

생활 속 놀이를 통해 자연스럽게 아이에게 경제관념을 심어주면 좋다는 얘기를 들었다. 그 얘기를 듣고 어떻게 해주면 좋을까 고민했다. 500원짜리 물건 2개를 사면 1,000원이라든가, 900원짜리 아이스크림을 사고 1,000원을 내면 100원이 남는다든가, 라는 식으로 틈틈이 다양하게 경제관념을 가질 수 있도록 시도했다. 그러다 아이가 잔돈 교환하는 것에 흥미를 보였다. 아이에게 1,000원짜리 지폐 한 장을 보여주고, 1,000원짜리 지폐 한 장은 100원짜리 10개와 같다는 걸 얘기해주자, 아이는 신기해했다.

"엄마, 왜 천 원짜리 한 개가 백 원짜리 열 개야?"
"어, 그거는 백 원 열 개를 합하면 천 원이 되기 때문이야."
"아, 그렇구나."

아이의 질문에 제대로 설명을 한 건지, 내 설명을 아이가 제대로 이해한 건지는 모르겠다. 아이는 일단 알았다며 그때부터 1,000원짜리를 들고 와 나에게 100원짜리 10개로 바꿔 달라고 했다. 그렇게 무한으로 반복하면 현금 교환은 시간이 가면서 점점 발전했다. 3,000원 생기면 들고 와 100원짜리 30개로 바꿔 달라고 하고, 10,000원짜리를 들고 와 1,000원짜리 10개로 바꿔 달라고 했다. 어떤 날은 5,000원짜리 1,000원짜리를 조합해 10,000원으로 바꾸기도 했다.

처음에는 지갑에 있는 돈으로 모아서 잔돈을 바꿔줬는데, 어느 순간부터 돈의 단위가 커지면서 나는 아예 돈통을 따로 마련하게 되었다. 엄마표 현금 교환소였다. 네모난 플라스틱 통에 종류별로 돈을 넉넉히 바꿔두고, 아이가 원할 때 언제든지 교환해 줄 수 있게 준비했다. 돈을 교환해 줄 때 모든 상황은 하나하나 말로 다 묘사했다. 엄마의 현금 교환소를 통해 자신감이 생긴 아이는 돈을 들고 아파트 단지에 있는 마트로 향했다. 그때부터 슈퍼에 가서 동전을 바꿔 달라기 시작했다.

"사장님, 이거 1,000원짜리 100원짜리 10개로 바꿔주세요."

요즘 마트에는 잔돈이 많지 않은데, 사장님은 아이에게 선뜻 동전을 교환해 주었다. 그 뒤로 아이는 연신 돈을 들고 가 마트에서 동전을 교환하기 시작했다. 그 사실을 알고 마트 사장님께 죄송하다고 말씀을 드린 적이 있었다. 사장님께서는 전혀 죄송할 일이 아니라며 하루 종일 가게 지키기에 지루한데, 아이가 와서 동전을 바꿔 가니 심심하지 않고 좋다고 말했다. 시도 때도 없이 동전을 바꾸러 갔던 아이를 단 한 번도 싫은 내색 없이 받아주었던 사장님께 이 자리를 빌려 감사의 마음을 전한다.

그 시기에 아이는 돈에 많은 흥미를 보였다. 그런 아이에게 뭔가 더 해주고 싶은 욕심이 생겼다. 그때 마침 몇 가지 종류

의 달러가 있어서 나는 아이에게 환전에 대해 얘기해주기로
했다.

"진수야, 이건 다른 나라 돈이야. 달러라고 부르는데, 이거
우리나라 돈으로 바꿀 수 있어."
"진짜, 어떻게?"
"나라마다 정해진 환율이란 게 있어. 그걸 곱해서 그만큼으
로 바꾸는 거야. 동전 바꾸기랑 똑같아."
"엄마, 그럼 이거 바꿔줘."

생각대로 아이는 동전을 바꾸듯 환전하는 것도 흥미를 보
였다. 시시각각 변하는 환율을 보여주면서 달러에서 원화로,
원화에서 달러로 계산하는 과정을 종이에 써서 보여줬다. 매
번 돈의 액수가 달라지는 것을 신기해했다. 환전 놀이를 하다
보니 하루가 빠르게 지나갔다.
그러던 어느 날, 나는 아이를 데리고 직접 은행을 방문하기
로 했다. 은행에서 직접 경험을 해보면, 아이는 환전이 단순한
놀이가 아니라 현실에서 실제로 이루어지는 일이라고 느끼게
될 것 같았다. 거래하던 지점 직원분께 미리 양해를 구하고,
고객이 없는 오후 시간대에 아이와 지점에 방문했다. 아이는
미리 연습한 대로 달러를 내밀며 말했다.

"이거 환전해 주세요."

"알겠습니다, 고객님. 10불 주셨고, 현재 환율 1,360원 곱해서 13,600원 드릴게요."

직원분께서 친절하게 설명해 주셨고, 돈과 영수증을 내어 주셨다. 아이는 돈을 세어보면서 한껏 신이 났다. 나는 영수증에 나와 있는 숫자를 짚어가면서 아이에게 한 번 더 얘기해주었다.

"진수야, 이거 봐봐. 네가 준 10불이 이거고, 여기에 현재 환율을 곱해서 13,600원이 된 거야. 이 돈을 받은 거야."

"엄마, 나 이거 다시 달러로 바꿀래. 이거 다시 환전해 주세요."

아이는 13,600원을 다시 달러로 환전해 달라고 했다. 직원분께서 말했다.

"고객님, 달러로 다시 바꾸는 환율은 1,410원이에요. 500원을 더 주셔야 합니다."

현찰을 살 때와 팔 때의 환율이 다르다는 걸 모르는 아이는 당황했다. 내가 500원을 보태서 다시 10불로 환전할 수 있었다. 아이는 두 장의 영수증과 10불짜리 달러를 손에 꼭 쥐고 은행을 나왔다.

그날 이후 아이는 역할 놀이를 하기 시작했다. 본인이 은행 직원이고 가족들은 다 고객이 됐다. 동전도 교환하고, 달러도 환전했다. 아이는 은행 직원분이 했던 것처럼 돈을 받고, 교환해 주고, 종이에 영수증도 작성해 주었다.

OECD 보고서에 따르면, 청소년들이 금융 지식을 단순히 암기하는 수준을 넘어 실제 생활에 적용하는 데 부족하다는 평가가 나왔다.[1] 논문에서는 어린 나이부터 금융 지식 및 관리 능력을 익히면 성인이 되어 금융과 경제적 복지(welfare)에 긍정적 영향을 줄 수 있다는 결과가 보고되었다.[2]

즉, 아이들이 성인이 되었을 때 '돈을 어떻게 벌고, 어떻게 쓰며, 어떻게 미래를 대비할 것인가'에 대해 준비할 수 있도록 만들어주는 것이 중요하다는 의미이다. 경제교육은 단순히 저축이나 지출을 알려주는 것 이상으로, 아이가 스스로 선택하고 책임지는 태도, 미래를 계획하는 역량을 키우는 데 의미가 있다.

---

1) https://www.oecd.org/en/publications/shaping-students-financial-literacy_c3f3dc74-en.html?utm_source=chatgpt.com

2) https://journal.rescollacomm.com/index.php/ijeer/article/view/120/0?utm_source=chatgpt.com

자녀의 나이와 발달 단계에 맞춰 경제교육을 설계할 방법을 살펴보면 다음과 같다.

1. 유아~초등 저학년: 돈의 개념, 가치

이 시기에는 돈이 어디서 오는지, 왜 필요한지, 그리고 물건과의 교환관계 등을 경험하게 하는 것이 좋다.

Saputra & Susanti(2023) 논문 『A Study of Several Financial Literacy Teaching Methods for Children』에서는 유아기부터 용돈 주기, 저축하도록 장려하기, 쇼핑 체험 함께 하기, 노력해서 번다는 개념 가르치기 등의 방법이 조기 금융 문해(early financial literacy) 형성에 긍정적이라고 밝혔다.[3]

2. 초등 고학년~중학생: 용돈 관리와 자율성

이 단계에서는 단순히 돈을 주는 것에서 벗어나 아이가 관리하고 결정하는 경험을 하게 해야 한다. 앞서 인용한 Saputra 논문에서도 '용돈을 주고 관리하게 함으로써 아이들이 미래에 스스로 재정을 관리할 수 있는 습관을 들일 수 있다'라고 나온다. 아이에게 매주 또는 매월 일정 금액의 용돈

---

[3] https://journal.rescollacomm.com/index.php/ijeer/article/view/120/0?utm_source=chatgpt.com

을 주고, 스스로 지출 계획을 세우게 한다.

3. 중학생~고등학생: 금융 개념 확장 및 의사결정 경험

이 시기에는 단순한 돈 관리에서 한 단계 나아가, 돈이 어떻게 움직이고 미래에 어떤 변수가 있는지 이해하게 해야 한다. OECD 자료에서는 학교가 청소년의 금융교육에 중요한 역할을 하며, 학생들이 금융 지식을 실제 상황에 적용할 수 있도록 교육되어야 한다고 강조한다.[4]

예컨대, 은행 계좌, 이자, 신용카드, 물가 상승, 투자(펀드·주식) 등의 개념을 생활 속 사례로 접하게 하는 것이 효과적이다. 또한 아이가 금융 의사결정(예: 체크카드 사용, 간단한 투자 체험)을 해보게 하면 '돈이 얼마나 많은가'보다 '돈을 어떻게 활용할 것인가'에 대한 통찰이 생기게 된다.

4. 고등학생 이후~성인 준비 단계: 자립형 경제 마인드

고등학생 이후부터는 실질적인 금융 습관과 장기적 관점이 중요해진다. 금융 지식만으로는 충분치 않으며, 이를 바탕으로 행동이 동반되어야 한다는 연구들이 있다. 따라서 이 시기

---

4) https://www.oecd.org/en/publications/financial-education-in-schools_9789264174825-en.html?utm_source=chatgpt.com

에는 저축·투자·연금 등의 개념을 이해하고, 부모와 함께 재정 계획을 세워보는 경험이 좋다.

자녀의 경제교육은 단기간의 프로젝트가 아니다. 장기간에 걸친 습관 형성과 사고방식의 변화이다. 가능한 한 어릴 때부터 시작하고, 단순히 지식을 주는 것이 아니라 아이가 직접 경험하고 결정해 보는 기회는 많이 제공하는 것이 중요하다.

경제교육은 아이 혼자 하는 것이 아니다. 오늘부터라도 아이와 돈, 소비, 저축 등에 대해 이야기를 나눠보자. 그런 경험으로 아이의 경제관념은 한 뼘 더 성장할 것이다.

Key Point

아이는 동전·지폐 교환 놀이와 환전 경험을 통해 자연스럽게 돈의 단위·가치·환율 개념을 익히게 된다. 연구자료에 따르면, 이러한 조기 금융 경험은 성장 후 금융 복지에 긍정적 영향을 주며, 나이에 맞춘 경제교육은 자녀의 건강한 경제 습관 형성에 필수적이다.

700만 원의 졸업 선물

큰아이 중학교 졸업 선물
작은아이 초등학교 졸업 선물
큰아이 고등학교 입학 선물
작은아이 중학교 입학 선물

2025년 1월, 세 살 터울인 나의 두 아이가 드디어 중학교와
초등학교를 졸업했다. 졸업뿐만이 아니라 입학도 했다. 졸업
도 동시에, 입학도 동시에. 그래서 나는 동시에 4개의 선물을
준비해야 했다.

"엄마 졸업 선물로 태블릿 사 주세요."
"나는 아이팟."
"나 컴퓨터도 바꿔야 하는데."

"나는 휴대폰."

이때다 싶어 삶의 레벨을 한 번 업그레이드 하려는 건지 졸업하기도 전에 하루가 멀다고 아이들은 경쟁하듯 받고 싶은 선물을 읊어댔다. 졸업 선물, 입학 선물, 크리스마스 선물, 게다가 12월이 생일인 아이의 생일 선물까지, 쓸 수 있는 돈은 한정적인데 모든 행사가 몰려있는 공포의 연말이었다.

겉으로는 웃었지만, 이 상황을 어떻게 대처해야 할지 암담했다. 이런저런 생각을 하다가 불현듯 아이들 앞으로 5년 전에 가입한 펀드가 생각났다. 매월 10만 원씩 적립식으로 납입하고 있는 상품이라 어느 정도 목돈이 되어 있을 거로 생각했다. 오랜만에 펀드 앱을 열고 로그인했다. 수익이 얼마나 났을지 궁금했다.

머릿속으로 대략 계산해 보니 원금과 수익을 합쳐 600만 원 정도 되지 않을까 기대했다. 근데 웬걸 계좌를 열어보니 원금 550만 원에 28.5% 수익으로 펀드 평가액은 700만 원이 넘어가고 있었다. 700만 원이라니! 이 돈이면 아이들이 사달라는 거 다 사줄 수 있겠다는 생각이 들었다. 돈 문제가 해결되니 마음이 편안해졌다.

그렇지 않아도 그 시기에 아이들 펀드를 어떻게 해야 하나 고민을 하고 있었다. 가입할 당시 펀드매니저와 상품이 믿을

만해서 가입을 결정했던 펀드였다. 그런데 몇 년 전 펀드매니저가 바뀌었고, 펀드의 운용 방향이 처음에 설계됐을 당시와 많이 달라져 있었다.

그걸 알고도 한동안 결정을 하지 못했다. 펀드를 다른 상품으로 갈아타려니 귀찮고, 그냥 가져가기에는 마음이 편치 않았다. 아이들이 평생 가져갈 펀드 하나 만들어주겠다는 생각으로 가입한 것이었다. 평생 가져갈 게 아니면 해지하는 게 나았다.

그러다 문득 아이들한테 물건을 사줄 게 아니라, 이 돈을 그냥 선물로 줘야겠다는 생각이 들었다. 애초에 아이들 몫으로 가입한 거라 내가 쓸 계획이 전혀 없는 아이들의 돈이었다. 펀드를 해약하면 700만 원을 목돈으로 받아 다른 상품으로 갈아탈 계획이었다. 내가 아이들에게 이 돈을 선물하면 갈아타는 과정에서 아이들의 계좌를 한 번 거쳐 갈 뿐 결과적으로 달라질 건 없었다.

생각이 여기까지 미치자 갑자기 신이 났다. 펀드 해지 문제와 아이들의 선물 고민을 한 번에 해결할 수 있게 됐다. 나는 귀찮아서 망설이고 있던 펀드를 바로 해지했다. 그리고 아이들을 불러서 얘기했다.

"엄마가 너희들 선물에 대해서 고민해 봤는데, 태블릿, 아이팟, 컴퓨터, 휴대폰, 가방, 운동화 이런 것들이 너희들한테 다 필요한 물품인 것 같아. 뭐 하나를 뺄 수가 없겠더라고. 그래서 너희가 원하는 엄마가 다 사주기로 했어."

"와, 진짜요? 대박. 신난다."

아이들은 갖고 싶은 선물을 다 사주겠다는 나의 말에 환호성을 지르며 방방 뛰었다. 신나 하는 아이들을 보니 나도 모르게 웃음이 터져 나왔다. 나는 아이들이 실컷 신나 하도록 기다렸다. 어느 정도 시간이 흐른 뒤, 아이들의 흥분이 가라앉을 때 말했다.

"대신 엄마가 물건을 직접 사주는 건 아니야. 엄마가 사실 너희 졸업과 입학 선물로 돈을 모아놨거든. 그 돈을 너희에게 줄 테니까, 거기서 너희가 필요한 걸 다 사. 그리고 남는 돈은 너희가 가지면 돼. 엄마가 줄 돈은 700만 원이야."

"700만 원이요? 선물로 700만 원을 주신다고요?"

선물로 700만 원을 주겠다는 나의 말에 아이들은 얼떨떨한 표정으로 서로를 쳐다보았다. 이게 뭐지? 사실인가? 반신반의하는 표정으로 이리저리 쳐다보며 고개를 갸우뚱했다. 나는 펀드 앱을 열어서 아이 이름으로 되어있는 계좌를 보여줬다. 본인 계좌에 700만 원이 들어있는 걸 확인한 아이는 그제야 내 말을 믿고 환호성을 질렀다. 나는 아이들에게 다시 한번 얘기했다.

"엄마가 말했듯이 뭘 살지는 너희가 결정하는 거야. 지금 당장 사고 싶은 걸 다 사도 돼. 근데 어차피 안 사도 너희들 돈이잖아. 그러니까 잘 생각해 봐. 너희들이 당장 필요한 건 지금 사도 되지만, 그렇지 않으면 지금 사나 나중에 사나 상관없겠지."

며칠 뒤 해약한 펀드의 환매 금액이 입금됐다. 사실 실제로 입금된 금액은 700만 원이 아니었다. 내가 미처 생각하지 못했던 환매수수료 및 세금이 있었기 때문이었다. 펀드 수수료에는 투자 기간 발생하는 총보수 외에 선취판매수수료와 환매수수료가 있다. 선취판매수수료는 매입할 때 선지급하는 수수료이고, 환매수수료는 매도할 때 지급하는 수수료이다. 일반적으로 펀드는 환매수수료가 거의 없는데, 이 상품은 워낙 총보수가 낮게 설정되어서 환매수수료가 있는 상품이었다. 이후부터 펀드를 가입할 때는 총보수뿐만이 아니라 선취, 후취 수수료까지 꼭 체크하고 있다.

이런저런 것들을 제하고 665만 원이 입금됐다. 나는 내 돈으로 나머지를 채워서 약속했던 대로 아이들 예금 계좌로 700만 원씩 이체해 주었다. 이 돈은 다시 주식계좌로 옮겨졌다. 돈이 입금된 후 아이들에게 물었다.

"진수, 민수, 그래서 뭐 살 거야? 말만 해. 엄마가 돈 빼서 바로 사줄게."
"아, 흐흐흐 글쎄요. 지금 당장 살 건 없는데요."
"나는 필요한 거 없어. 컴퓨터도 일단은 계속 써도 될 것 같아."

화장실 들어가기 전과 후가 다르다더니, 돈을 받기 전과 후의 아이들 태도는 돌변했다. 당장이라도 사야 할 것처럼 그렇게 읊어대던 고가의 제품들이 갑자기 필요 없다는 것이었다. 언제 그랬냐는 듯 아이들의 선물 리스트는 거짓말처럼 사라졌다.

1990년도에 카너먼(Kahneman), 크네츠(Knetsch), 세일러(Thaler)의 고전적 실험이 있다. 머그컵 실험(Mug Experiment)이라고 불리는 이 실험에서 연구진은 무작위로 절반의 참가자에게 학교 로고가 새겨진 머그컵을 나눠주고, 나머지 절반은 머그컵이 없는 집단으로 설정한다. 그런 뒤 머그컵을 가진 사람에게 얼마면 팔지, 없는 사람은 얼마면 살지를 묻는다. 그 결과는 놀라웠다. 머그컵을 받은 사람들은 평균 7달러 이상에 팔겠다고 했고, 머그컵이 없는 사람들은 3달러 이하만 주겠다고 했다. 같은 물건임에도 '소유 여부'에 따라 가치 평가가 2배 이상 차이 난 것이다. 이를 행동경제학에서는 '소유효과(Endowment Effect)'라고 부른다.

소유효과는 리처드 세일러(Richard Thaler)가 제시한 개념으로, 사람이 어떤 물건을 소유하게 된 순간, 그 물건의 가치를 객관적 시장가치보다 높게 평가하는 현상이다. 예를 들어, 물건을 사기 전에는 '이거 3만 원이면 괜찮네'라고 생각하지만, 막상 내가 그 물건을 갖게 되면 '5만 원은 받아야 팔지'라고 느끼는 식이다. 즉, 소유 자체가 가치 판단의 기준을 바꿔버리는 것이다. 이 현상은 단순히 '아깝다'라는 감정이 아니라, '내 것'이 된 순간 그 대상에 정서적 애착이 생기는 심리적 반응이다.

소유효과는 '전망 이론(Prospect Theory)'과 깊은 관련이 있다. 심리학자 대니얼 카너먼과 아모스 트버스키는 사람이 절대적 가치보다 변화된 기준점(reference point)을 중심으로 손익을 평가한다고 말했다. 어떤 물건을 가지기 전에는 그것을 얻는 게 '이익'으로 느껴지지만, 일단 소유한 뒤에는 그것을 잃는 게 '손실'로 느껴진다는 것이다. 여기서 핵심은 '손실 회피(Loss Aversion)이다. 사람은 같은 크기의 손실이 이익보다 약 2배 더 크게 느껴진다. 그래서 내 통장에 있는 돈을 쓰는 순간, '소비'가 아니라 '손실'로 해석되어 불쾌감과 불안감을 느끼게 된다.

결국 소유효과는 우리 뇌가 잃는 것의 고통을 줄이려는 자연스러운 방어기제라는 점에서 비합리적이지만 본능적인 심리이다. 돈을 쓰기 싫다는 건 단순히 인색하거나 절약가라는 의미가 아니라, 내 자산을 보호하려는 심리적 안전장치가 작동하는 것이다. 즉, 돈을 쓰기 싫어하는 사람은 게으르거나 비정상이 아니라, 인간의 자연스러운 인지 편향 속에서 완전히 설명 가능한 현상이다.

아이들에게 돈을 주기 전, 아이들이 막상 돈을 받으면 그 돈으로 뭔가 구매하는 걸 아까워하리라 생각했다. 꼭 사고 싶은 거 한두 개 정도 사겠지, 라고 생각했다. 근데 내 예상은 완전히 빗나갔다. 결국 아이들은 단 한 개의 물건도 구매하지 않았기 때문이다.

어렸을 때부터 아이들에게 용돈을 주기 시작하면서 점점 더 많은 돈을 주게 된다. 그 이유는 돈을 주면 아이들이 돈을 쓰는 것보다 돈을 소유하는 것에 더 만족감을 느낀다는 걸 경험을 통해서 깨달았기 때문이다.

소유효과의 힘은 생각했던 것 이상이다. 일단 돈이 본인들의 계좌에 들어가는 순간, 절대 쓰지 않겠다는 방어기제가 느껴진다. 큰아이의 경우 고등학교 입학 후 한 학기가 지날 무렵, 본인의 주식을 팔아서 사고 싶다는 물건이 있긴 했다. 그런데 그 결정을 하기까지 본인 스스로 수도 없이 고민하고, 어쩔 수 없이 사기로 결정했다는 걸 느낄 수 있었다.

결국 경제교육의 핵심은 돈을 주느냐 마느냐가 아니라, 돈을 통해 어떤 생각과 태도를 배우게 하느냐에 달려 있다. 소유효과를 단순한 심리 현상으로만 볼 게 아니라, 아이 스스로 '선택의 주체'가 되는 힘으로 발전시켜 줄 수 있다면, 그것이야말로 진짜 경제교육이 아닐까?

Key Point

아이들 졸업·입학 시기에 펀드를 해지해 각각 700만 원씩 선물했지만, 막상 자신의 계좌로 돈이 들어가자 아이들은 아무것도 사지 않으며 소비에 신중해졌다. 결국 경제교육의 핵심은 돈을 많이 주는 것이 아니라, 아이가 스스로 선택하고 판단하는 경험을 통해 올바른 경제 감각을 기르게 하는 데 있다는 것이다.

우리집 용돈 시스템

아이가 초등학생이었을 때의 일이다. 업무차 방문한 은행에서 창구 직원과 아이 용돈에 관한 얘기를 나눴다. 그 직원의 아이는 중학생 남자아이라고 했다. 내가 중학생 애들은 용돈을 얼마 주냐고 물어봤더니 용돈을 따로 주지 않고 신용카드를 만들어줬단다.

"신용카드요?"

아이에게 신용카드를 준다는 말에 놀란 나에게 그 직원이 말했다.

"아이들이 중학생이 되면 한도를 설정해서 신용카드를 만들어주는 것도 좋은 방법이에요. 그렇게 해야 애들이 어디에서 뭘 먹고 다니는지 확인할 수가 있어요. 특히 남자애들은 말을 안 하기 때문에, 그렇게 하지 않으면 어디서 뭘 하고 다니는지 알 수가 없다니까요."

　나도 남자아이 둘을 키우는 처지였지만, 그 말에 동의하기
가 어려웠다. 카드 사용 내역 문자를 보면서 아이가 어디서
뭘 하는지 확인해야 한다니. 그런 내 모습을 상상조차 하기
싫었다.

　게다가 더 근본적인 문제는 아이들이 신용카드를 사용하게
되면 소비에 대한 감각이 무뎌진다. 본인이 카드값을 계산하
는 것도 아니고, 매월 정해져 있는 한도를 다 쓰면 다음 달에
또 채워지고, 쓰지 않으면 없어지는 것이 아닌가. 이런 상황이
라면 아이가 돈을 아끼거나 계획을 세울 필요가 전혀 없어진
다. 아이 스스로 주체적인 돈 관리를 할 수 없는 것이다.

　아이들이 성인이 되기 전, 돈에 대한 훈련을 미리 할 수 있
는 좋은 기회는 바로 용돈이다. 용돈을 통해서 아이는 처음으
로 돈의 흐름을 몸으로 느끼는 경험을 하게 된다. 돈이 어디
서 생기고, 어떻게 사라지는지를 직접 경험하면서 비로소 경
제의 기본 구조를 이해하기 시작한다. 더불어 본인이 돈의 주
인이 되어 주체적인 선택을 할 수 있다. 이런 점에서 용돈은
단순히 돈을 쓰기 위한 것이 아니라 자기 결정권을 배우는 교
육 도구가 된다.

　그날 그 직원의 얘기를 듣고 나는 아이들에게 신용카드는

절대 만들어주지 말아야겠다고 다짐했다.

 나는 아이들이 성인이 되기 전에 용돈을 통해 돈에 대한 주체성을 확립하길 바랐다. 스스로 돈을 관리하고, 결정하고, 투자까지 이어지는 시스템을 만들고 싶었다. 그래서 아이들에게 용돈을 주고 나와 분리하려고 노력했다.

 초등학교에 들어가면서 아이들에게 용돈을 주기 시작했다. 금액을 정해서 매일 아침 주는 방식이었다. 아이는 매일 달랬다가, 일주일에 한 번씩 달랬다가, 이랬다저랬다 수시로 방법을 바꿨다. 정해져 있는 금액 외에 지급 방식은 아이가 원하는 대로 해주었다.

 초등학교까지는 용돈을 현금으로 주고, 아이가 물건을 살 때 현금으로 구매하게 했다. 용돈의 일정 금액을 돼지저금통에 저금하거나, 아이 이름으로 된 통장에 입금한 뒤 통장에 찍힌 숫자를 보여주기도 했다. 아이 돈을 가져가면 아이가 관심이 있든 없든 꼭 통장에 입금한 뒤 잔액을 확인시켜 주었다.

 중학생이 되면서 체크카드의 필요성이 느껴졌다. 바로 아이 이름으로 체크카드를 발급받고 싶었지만, 체크카드는 만 14세 이상부터 발급할 수 있었다. 어쩔 수 없이 내 계좌를 용돈 계좌로 바꾸고, 내 이름으로 체크카드를 발급했다. 아이도 싫어했고 나도 싫었지만, 어쩔 수가 없었다. 그러다 12월이 생일인 아이가 생일이 지나자마자 자기 이름으로 체크카드를 발급해달라고 요청했다.

나는 아이 계좌로 용돈을 옮기고, 아이 이름으로 체크카드를 발급했다. 사용 내역 문자도 아이가 직접 수신하게 했다. 돈을 어디에 어떻게 쓰는지 내가 확인할 필요는 없었다. 용돈을 주는 것까지가 나의 역할이었다.

다만 아이에게 지금까지도 얘기하는 것은 계좌에 항상 50만 원 이상의 잔액은 있어야 한다는 것이다. 갑자기 급한 일이 생겼을 때 직장에 있는 엄마, 아빠가 연락 안 될 수 있기 때문이다. 신용카드가 없는 대신 충분한 계좌 잔액은 필수사항이다.

아이가 뭔가를 살 때마다 엄마인 나에게 매번 물어볼 수가 없어서 나는 아이와 기준을 정하기 시작했다. 크게 필수품과 사치품으로 나누고 결제는 본인 용돈으로 먼저 한다. 그다음 필수품을 산 돈은 내가 계좌로 보내준다. 사치품은 당연히 본인 용돈으로 해결한다.

필수품과 사치품의 기준을 예로 들어보면, 기본적인 옷이나 신발은 필수품이지만, 좋아하는 축구팀의 굿즈 티셔츠는 사치품이다. 사치품 구매는 본인 용돈 안에서 스스로 판단해서 결정하며, 그게 얼마든 나는 거의 관여하지 않는다.

이런 시스템으로 용돈을 운용하다 보니 아이와 나는 계속

돈 문제로 대화를 나눌 수밖에 없다. 아이는 필수품이라도 자기 돈을 먼저 쓰고 나한테 청구해야 하다 보니 언제, 어디에, 왜 돈을 썼는지 얘기를 하게 된다. 나는 가끔 고1인 아들과의 카톡 내용을 보면 웃음이 난다.

아들: 엄마 나 어제 교재 사서 3만 5천 원 썼어요.
엄마: 잘하셨습니다. 지금 이체합니다.

아들: 제가 오늘 병원에 왔는데 병원비 주실 수 있을까요?
엄마: 당연히 드려야죠. 병원비, 책값, 헤어컷 같은 건 용돈 포함 항목이 아닙니다~
아들: 16,000원
엄마: ㅇㅋ

아들: 스터디카페에서 바지락 칼국수 먹으러 옴.
엄마: 칼국수 다 먹었겠네. 알겠어, 돈 보낼게~
아들: 지금 먹는 중. 그리고 눈치가 빠르시군요. ㅎㅎㅎ

아들: 나 안경테 바꿨어. 부러져서. 5만 원임.
엄마: 오케바리

신용카드 사용 내역으로 아들이 어디서 뭘 하는지 확인한 다는 은행 직원이 생각났다. 나는 알고 싶지 않아도 아이가 어디서 뭘 하는지, 뭘 먹는지, 무슨 일이 있었는지 다 알게 된 다. 아이 계좌에 로그인해서 아이의 체크카드 사용 내역을 확 인할 수도 있지만, 한 번도 그럴 필요를 느끼지 못했다.

용돈 계좌에서 100만 원이 넘으면 50만 원을 제외한 나머 지 금액은 주식계좌로 옮겼다. 처음엔 아이가 용돈 계좌에 있 는 돈을 주식계좌로 옮기는 것에 대한 약간의 반감이 있었다. 돈을 옮기면 일단 뺄 수 없다는 생각과 자기가 돈을 쓰지 못 한다는 불안감이 있었던 것 같다. 그래도 아이를 설득해서 금 액을 조금씩 높여가며 계속 주식계좌로 돈을 옮겼다.

아이는 처음엔 반신반의하면서 나의 설득에 마지못해 용돈 을 주식계좌로 옮기는 데 동의했다. 아이를 설득하는 게 번거 롭긴 했지만, 그럼에도 불구하고 지속적으로 설명하고 설득 했다. 이런 시스템으로 아이의 용돈이 투자까지 이어지길 바 랐기 때문이다. 돈을 입금하면 꼭 통장에 찍힌 입금 내역과 잔액을 캡처해서 카톡으로 보내줬다. 아이가 알든 모르든 투 자한 상품과 투자 내역을 출력해서 아이에게 보여주면서 설 명해 주기도 했다. 어느 날 아이는 생각보다 많은 돈과 수익 률을 보고 점점 주식계좌를 신뢰하기 시작했다. 이제는 내가 설득할 필요 없이 어느 정도 돈이 모이면 주식계좌로 옮겨달라고 먼저 요청한다. 주식에 투자하면 수익이 나고, 자산이 불어난다는 걸 경험을 통해서 알게 됐기 때문이다.

초등학교 때부터 수없이 많은 시행착오를 겪으며 어느 정도 모양을 갖춘 우리 집 용돈 시스템은 다음과 같다.

1. 주 단위로 용돈을 지급한다.
2. 용돈에는 학원가는 날 밥값과 교통비, 간단한 준비물을 포함한다.
3. 돈을 쓸 때는 본인 스스로 판단해서 결정한다. 큰 금액은 미리 협의한다.
4. 필수품은 엄마에게 청구하고, 사치품은 본인 용돈에서 알아서 해결한다.
5. 잔액은 항상 50만 원 이상으로 유지하고, 100만 원이 넘으면 주식계좌로 이체한다.

지속적으로 아이들에게 스스로 판단해서 소비하도록 훈련을 한 결과, 이제는 매번 나에게 묻지 않고 물건을 사거나 병원에 다니고 하고 싶은 것들을 한다. 나는 아이들이 청구하는 내용을 듣고 돈만 보내주면 끝이다. 삶이 한결 편해졌다.

얼마 전 큰아이가 나에게 말했다.

"엄마, 저 주식 팔아서 스마트 워치 살게요. 학교에서 휴대폰을 볼 수가 없어서 불편해요. 아무래도 하나 사야 할 것 같아요."

나는 아이들이 스마트 워치를 차고 다닌다는 게 신기했다. 그런데 이미 꽤 많은 아이가 사용하고 있다고 했다. 나는 아이에게 말했다.

"그래, 네가 그렇게 결정했으면 엄마는 찬성이야. 매장에 같이 가보자."

우리는 주말에 함께 매장에 방문했다. 아이는 다양한 종류의 스마트 워치를 꼼꼼히 체크하고, 궁금한 건 직원분께 문의했다. 이것저것 차보고, 가격도 비교하고, 내 의견도 물어가며 한참을 고민했다. 그런 뒤 최종적으로 갤럭시워치 8 클래식 검은색으로 결정했다. 50만 원이 넘는 제품이었다. 나는 두말하지 않고 아이의 선택을 존중해주었다.

여기서 비밀을 하나 밝히자면, 내가 진짜 아이의 주식을 팔아서 스마트 워치를 사준 것은 아니었다. 아이는 지금까지도 본인의 주식을 팔아서 산 거라고 생각하지만, 그건 아이들이 물건을 살 때 스스로 선택하게 하기 위한 하나의 시스템일 뿐이었다.

결국 용돈은 단순히 얼마를 주느냐의 문제가 아니다. 그 속에는 아이가 스스로 사고하고, 선택하고, 책임지는 삶의 훈련이 담겨있다. 아이에게 주는 것은 단지 돈이 아니라, 아이가 자신의 판단력과 절제력, 그리고 미래를 설계하는 힘을 키워가는 과정이다.

부모의 역할은 단순히 돈을 주는 사람이 아니라, 아이 스스로 배우도록 옆에서 질문하고 기다려 주는 조력자가 되는 것이다. 실수를 두려워하지 않고, 그 안에서 배움을 찾을 수 있게 돕는 것, 그것이 진짜 경제교육이다.

Key Point

우리 집 용돈 시스템은 현금 → 체크카드 → 투자로 자연스럽게 이어지도록 설계해, 아이가 스스로 판단·소비·저축·투자를 경험하게 만드는 구조다. 필수품과 사치품을 구분해 소비 기준을 스스로 고민하게 하고, 일정 금액 이상은 주식계좌로 옮기는 규칙을 통해 '돈의 흐름'과 '자산 증가의 기쁨'을 체감하게 했다. 그 결과 아이는 소비 결정부터 투자 요청까지 주도적으로 행동하게 되었고, 부모는 간섭 대신 조력자로서 아이의 경제적 자립을 돕는 역할을 하게 되었다.

처음으로 완성한
ETF 포트폴리오

아이들을 위해 투자를 시작했던 건 꽤 오래전의 일이다. 삼성전자 주식 1주 매수부터 돼지저금통에 모아둔 종잣돈, 졸업선물로 준 펀드, 그리고 할머니가 아이 이름으로 넣어주신 연금보험까지…. 그렇게 모인 돈들은 각자의 이유로 시작된 투자였지만, 시간이 지나자 하나의 문제로 귀결됐다. 바로 너무 흩어져 있다는 것이었다.

삼성전자 주식은 더 이상 매수하지 않았지만, 그대로 CMA 계좌에 남아있었다. 돼지저금통에서 꺼낸 돈은 급히 ETF로 매수되어 종목도 방향도 제각각이었다. 졸업 선물로 환매했던 펀드 금액은 예수금으로 방치되어 있었고, 할머니가 10년간 납입해 주신 연금보험은 만기 후에도 그대로 유지 중이었다. 거기에 명절 때마다 받은 용돈, 새로 가입한 펀드, 앞으로 들어올 투자금까지 생각하니 이대로는 안 되겠다는 생각이

들었다.

　나는 모든 계좌를 하나씩 들여다보기 시작했다. CMA, 펀드, 주식, 연금보험 등 아이 이름으로 된 자산을 모두 모아서 표로 정리했다. 그제야 전체 그림이 보였다. 어떤 상품은 겹쳐 있었고, 어떤 돈은 아무 수익 없이 그냥 잠들어 있었다. 정리한 표를 보면서 이제는 단순히 돈을 모으기만 할 게 아니라, 장기적인 관점에서 돈을 관리해야 할 때라는 걸 느꼈다.

　장기적인 관점에서 아이들의 돈을 관리해야 한다고 생각하니 부담감이 몰려왔다. 어디서부터 어떻게 해야 할지, 그저 막막할 뿐이었다. 여기저기 흩어져 있는 돈을 한곳으로 모으는 것부터가 일이었다. 두서없이 고민만 하던 그때, 투자 포트폴리오라는 개념을 접하게 됐다.

　포트폴리오란 투자자가 보유한 다양한 자산의 구성을 뜻한다. 한 사람의 포트폴리오는 은행 예금에서부터 주식, 채권, ETF, 펀드, 심지어 부동산이나 금 같은 실물 자산까지 포함될 수 있다. 즉, 포트폴리오는 단순히 돈을 투자한 목록이 아니라, 자산을 어떻게 조합하여 위험을 관리하고 수익을 추구할 것인지에 대한 전략적 설계라고 할 수 있다.

　왜 포트폴리오가 중요한가를 이해하려면, 투자에서 위험과 수익의 관계를 먼저 알아야 한다. 한 가지 자산에만 투자하면 해당 자산의 가격 변동에 따라 손실이 크게 날 수 있다. 하지만 다양한 자산을 조합하면, 한 자산에서 발생한 손실을 다른 자산이 보완해 주기 때문에 전체적인 위험이 줄어든다. 이것을 분산투자라고 부르며, 포트폴리오는 바로 이 분산투자를 실현하는 틀이다.

포트폴리오에 대해 공부하다 보니, 나도 나만의 포트폴리오를 만들어야겠다는 생각이 들었다. 두서없이 여기저기 투자된 상품과 자금을 한곳에 모아서 아이들이 성인이 된 이후에도 투자를 이어갈 수 있는 틀을 잡아주고 싶었다. 신이 났다.

우선 어떤 계좌를 이용할지 고민했다. 주식이나 ETF에 투자하려면 CMA 계좌를 이용해야 했다. 그런데 일반 계좌가 아닌 연금저축 계좌를 이용하면 비과세 효과를 누릴 수 있었다. 굳이 번거롭게 아이에게 연금저축 계좌를 개설할 필요가 있을까. 약간 망설여지는 부분도 있었지만, 결국 연금저축 계좌를 이용하기로 결심했다. 그 이유는 비과세 혜택을 받을 수 있기 때문이다.

다음은 포트폴리오에 대한 고민이었다. 처음 포트폴리오를 접했을 당시에는 나도 여러 종류의 자산을 조합해서 포트폴리오를 만들어야겠다고 생각했다. 여러 종류의 자산을 조합하게 되면 한 가지 자산의 가격이 떨어졌을 때 큰 손실을 피할 수 있다. 여러 자산에 나누어 투자하면 한 곳에서 손해가 나더라도 다른 곳에서 보완할 수 있기 때문이다.

자산을 조합해야 한다는 건 알겠는데, 어떤 조합으로 자산을 나눠야 하는 건지 감이 오지 않았다. 자산 배분에 관한 책과 영상을 찾아봤다. 아무거나 섞는다고 자산이 배분될 리는 없었다. 뭔가 원칙이 있을 거로 생각했다. 자산 배분 포트폴리오를 짜기 전에 자산 배분에 대한 이해가 필요했다.

다양한 책과 영상을 찾아보며 내가 이해한 자산 배분이란, 서로 다르게 움직일 가능성이 있는 자산을 조합함으로써 전체 포트폴리오의 흔들림(변동성)을 줄이고 안정적인 수익을 추구하는 것이다.

그렇다면 여기서 '서로 다르게 움직일 가능성이 있는 자산'을 찾는 것이 중요한데, 그 지점을 이해하기 위해 등장하는 개념이 상관계수(Correlation Coefficient)다. 상관계수는 두 자산이 얼마나 같은 방향으로 움직이는지를 수치로 보여준다. 예를 들어 상관계수가 +1이라면 완벽하게 같은 방향으로 움직이는 자산이고, −1이라면 완전히 반대 방향으로 움직이는 자산이다. 즉, 한쪽이 오를 때 다른 쪽이 떨어지는 식이다. 이 수치가 낮을수록 두 자산의 움직임이 서로 다르기 때문에, 이들을 함께 담으면 포트폴리오 전체의 변동성(위험)을 줄일 수 있다. 이게 바로 자산 배분의 핵심이다.

예를 들어 주식 위주의 포트폴리오만 구성하면 시장이 폭

락할 때 그대로 타격을 받을 수 있지만, 주식+채권+금+달러 등의 조합으로 구성하면 주식이 하락할 때 채권이나 금, 달러 쪽이 상대적으로 버텨줄 수 있다.

　전문가들이 제시하는 자산 배분 포트폴리오 예시는 쉽게 찾아볼 수 있다. 대표적으로 세계적인 헤지펀드 브리지워터 어소시에이츠를 설립한 레이달리오(Ray Dalio)가 만든 '올웨더 포트폴리오'가 있다. 올웨더 포트폴리오는 경제가 성장하든 침체하든, 인플레이션이 오르든 내리든 항상 일정한 수익을 추구할 수 있도록 설계된 자산 배분 전략이다. 대표적인 비율은 주식 30% + 장기 국채 40% + 중기 국채 15% + 금 7.5% + 원자재 7.5%이다.

주식(30%)

장기 국채(40%)

중기 국채(15%)

금(7.5%)

원자재(7.5%)

　다양한 포트폴리오 예시들을 살펴보면서 나에게 맞는 조합을 생각해 보았다. 일단 주식과 채권, 금, 달러를 담으면 좋겠다고 생각했다. 너무 복잡한 조합으로 구성하면 포트폴리오를 유지할 자신이 없었다. 그러다 이코노미스트 홍춘욱 박사가 제안하는 투자 4분법이 적절하다는 생각이 들었다. 투자 4분법은 미국 주식, 한국 주식, 금, 미국채10년물을 25%씩 투자하는 전략이다. 이 정도 포트폴리오면 내가 직접 운용할 수 있겠다는 자신감이 생겼다.

미국 주식(25%)

한국 주식(25%)

금(25%)

미국채10년물(25%)

포트폴리오를 고민하는 동안 흩어져 있던 아이의 자산은 하나, 둘 현금화되어 연금저축 계좌로 옮겨졌다. 주식과 ETF를 매도했고, 연금보험도 해지했다. 일반 계좌에 있던 소액 현금도 다 정리해서 한곳으로 모았다.

이때까지만 해도 나는 아이 자금을 자산 배분 포트폴리오로 운용할 계획이었다. 근데 문제는 자산 배분은 정기적인 리밸런싱을 해줘야 그 위력을 발휘한다는 것이었다. 리밸런싱이란, 상관계수가 낮은 자산들이 움직이면서 최초 계획했던 비율이 틀어지면 이걸 다시 원래 비율로 맞춰주는 것이다. 리밸런싱을 하는 것 자체는 문제가 아닌데, 아이 계좌를 지속적으로 관리해야 한다는 게 관건이었다. 내 계좌 하나 관리하는 것도 쉬운 일이 아닌데, 아이 계좌까지 지속적으로 관리해야 한다는 게 망설여졌다. 아이 계좌는 돈이 생길 때마다 입금하고, 성인이 될 때까지 묻어둘 만한 포트폴리오가 필요하다고 생각했다.

만약 지금 투자하고 성인이 될 때까지 묻어둔다면 어디에 투자하는 게 좋을까? 고민해 보니 결국 미국 시장에 투자하는 것이 낫겠다는 결론에 이르렀다. 미국 시장에 투자하는 방법은 여러 가지가 있겠지만, 나는 연금저축 계좌를 이용하기로 했기 때문에 개별 주식은 안되고 안정적인 미국 지수 ETF에 투자하기로 했다.

처음에 생각했던 포트폴리오는 아주 보수적으로 S&P500에 100% 투자하는 것이었다. 그러다 S&P500과 미국나스닥100을 50%씩 투자하는 게 낫지 않을까 생각했다. 근데 아무리 보수적이라고 해도 너무 기본 지수 상품만 투자하는 게 아쉬움이 남았다. 그래서 미국 지수에 섹터 ETF를 적절히 섞어서 포트폴리오를 구성했다.

KODEX S&P500(25%)

KODEX 미국나스닥100(25%)

ACE 글로벌반도체TOP4 Plus(25%)

ACE 미국빅테크TOP7 Plus(25%)

포트폴리오를 결정한 뒤 현금화되어 있는 자금을 조금씩 ETF로 갈아탔다. 목돈을 한 번에 투자할 때는 분할 매수를 하는 것이 멘탈 유지에 도움이 되기 때문에, 나는 한 번에 200만 원씩 일정 기간 비율에 맞춰 ETF를 매수했다. 투자금은 안전하게 포트폴리오로 옮겨지고 있었다.

그런데 상품을 매수하면서 뭔가 아쉽다는 생각을 지울 수가 없었다. 한번 투자하면 묻어둔다는 생각에 안정적으로 운용하고 싶긴 했는데, 나의 공격적인 성향이 스멀스멀 고개를 들었다. 아무래도 아이들이 성인이 되었을 때 세상을 바꿀만한 기업 하나 정도는 포트폴리오에 포함하는 게 좋지 않을까? 라는 생각이 들었다. 그래, 테슬라는 넣어야겠다. 테슬라 주가가 변동성이 크긴 하지만, 테슬라가 바꾸는 세상에서 아이들이 테슬라의 주주로 그 기쁨을 누리길 바랐다. 나는 포트폴리오에 테슬라를 포함했다.

ACE 테슬라밸류체인액티브(20%)

KODEX S&P500(20%)

KODEX 미국나스닥100(20%)

ACE 글로벌반도체TOP4 Plus(20%)

ACE 미국빅테크TOP7 Plus(20%)

테슬라 ETF를 추가하고 25%로 맞췄던 비율을 20%로 조정했다. 비율 조정하는 게 번거롭긴 했지만, 장기간 묻어둘 자금이기 때문에 이 정도의 번거로움은 감수할 만했다. 아이의 자금은 안전하게 계획된 포트폴리오로 옮겨졌다.

포트폴리오로 운용한 지 1년이라는 시간이 지났다. 그 사이 구정과 추석이라는 목돈 이벤트가 두 번 있었다. 명절 용돈 중 대부분은 투자금으로 옮겨졌다. 흩어진 돈을 합치고, 용돈이 생길 때마다 꾸준히 투자한 아이의 계좌는 현재 2천8백만 원, 수익률+36%를 달성하고 있다(2025년 12월 12일 기준).

부모가 줄 수 있는 가장 큰 재산은 시간을 앞당겨주는 것이다. 아이 명의로 계좌를 만들어 ETF나 우량주를 조금씩 사두는 일은, 돈보다 '복리의 시간'을 미리 시작하게 해주는 것이다.

아이들은 눈으로 보고 느끼는 걸 통해 배운다. 아이들이 컸을 때 "이건 네가 어릴 때부터 가진 주식이야" 이런 말을 해줄 수 있다면, 아이는 돈을 소비의 수단이 아닌 성장의 도구로 이해하게 된다. 단순히 용돈을 받아 쓰는 아이가 아니라, 자기 돈이 세상 속에서 어떻게 일하고 자라는지를 아는 아이로 성장하게 된다.

복리의 마법을 체험하게 하고, 돈을 대하는 주체적 태도를 키워주며, 자신의 이름으로 시작된 작은 돈이 어떻게 세상 속에서 자라는지를 보여주는 것. 그것이야말로 아이에게 줄 수 있는 가장 현실적이고 따뜻한 경제교육이 아닐지 생각한다.

Key Point

아이 이름으로 흩어져 있던 자산을 모두 정리하며 장기적인 포트폴리오 관리의 필요성을 깨달았다. 복잡한 자산 배분 대신 장기 보유에 적합한 미국 지수·섹터 ETF 중심 포트폴리오를 최종 구성했다.

ETF

4장

절세 계좌에서 빛을 발하는
ETF 투자

연금저축은 단순히 은퇴 대비 상품이 아니다. 세금 혜택을 받으며 장기 투자 할 수 있는 최고의 투자 계좌이다. 게다가 미성년자일수록 시간이라는 가장 큰 무기를 갖고 있기 때문에, 복리의 효과는 성인보다 훨씬 강력하게 작용한다.

아이에게
연금저축 계좌를 선물하다

"담당자님, 아이에게 연금저축펀드에 가입해 주면 어떨까요?"

"연금저축펀드요? 아이들이 자라는 동안 돈 들어갈 일이 있을 텐데, 굳이 연금저축펀드를 가입할 필요가 있을까요? 아이들은 그냥 일반 펀드를 가입하시는 게 좋을 것 같습니다."

"그렇겠죠? 저도 그럴 것 같긴 하더라고요. 알겠습니다."

아이들의 펀드를 가입했던 2020년 당시 나는 연금저축펀드 가입을 고민했었다. 그 시기에 내가 연금저축 계좌를 개설하면서 미성년자도 계좌 개설이 가능하다는 걸 알게 됐기 때문이다. 비과세가 되는 계좌라니 미리 가입해 두면 의무 납입기간 5년도 자동으로 채울 수 있고, 아이가 노후에도 활용할 수 있겠다고 생각했다.

그런데 한편으로는 아직 열 살 남짓한 아이 앞으로 연금 계좌를 개설한다는 게 선뜻 내키지 않았다. 너무 유난스러운 엄마처럼 느껴졌다. 이런저런 생각에 망설이던 찰나, 담당 직원과 통화할 일이 있어서 슬쩍 문의했다.

미성년자 연금저축 계좌를 개설하는 것에 있어서 직원분은 굳이 어린 애 앞으로 연금 계좌를 개설할 필요가 있냐고 했다. 연금 계좌는 55세 이후 연금으로 받아야 하는데, 아이들이 자라면서 대학이나 유학, 결혼 등 중간에 돈을 사용할 일이 많이 발생할 수 있다는 것이다. 일단 일반 계좌에서 투자하다가 성인이 돼서 연금 계좌를 개설하는 게 나을 것 같다고 했다. 나 역시 아이들에게 연금 계좌를 개설해 주게 되면 중간에 해지할 수 있는 리스크가 너무 크다고 생각했다. 중간에 해지하느니 안 하는 게 낫다는 생각에 일반 계좌에서 펀드에 가입했었다.

하지만 그건 내가 연금저축에 대한 정확한 지식이 부족해서 생긴 오해였다. 시간이 지나 연금저축에 대해 정확히 알게 되면서 나는 그 당시에 아이 연금저축 계좌를 개설하지 않은 걸 후회했다. 그 이유는 세금 때문이었다.

일반 계좌에서 가입했던 아이들 펀드는 2024년에 해약했다. 해약할 당시 투자 원금이 550만 원이었고, 평가액이 706

만 원이었다. 그런데 실제로 입금된 해약금은 665만 원이었다. 무려 41만 원의 차이가 발생한 것이었다. 예상했던 것보다 차이가 너무 커서 콜센터에 전화해서 문의했다. 확인해 보니 41만 원의 차이는 매매차익에 대한 세금과 후취 수수료 때문이었다. 후취 수수료는 해당 펀드의 특성이니까 그렇다 치고, 매매차익에 대한 세금은 생각지 못했던 비용이었다.

그동안은 펀드를 해약해도 실수령액 금액만 확인했지, 세금은 신경도 쓰지 않았다. 세금을 떼고 들어온다는 건 알고 있었지만, 얼마나 빠지고 들어오는지 확인해 본 적은 없었다. 하지만 이번엔 상황이 달랐다. 아이들에게 이미 700만 원이 들어있는 계좌를 보여줬고, 700만 원을 선물로 주겠다고 약속했기 때문이다. 그런데 예상 금액과 입금 금액이 41만 원이나 차이가 나니, 그 차이가 나의 뇌리에 강하게 박혔다. 게다가 나는 두 아이의 펀드를 해약했기 때문에 그 차이가 82만 원이었다. 오 마이 갓!

나는 그동안 신경 쓰지 않았던 세금에 대해 새삼 경각심을 갖게 됐다. 투자하면서 수익률과 수수료만 신경 썼지, 세금까지 고려하면서 투자 결정을 하지는 않았었기 때문이다. 특히 국내 펀드와 해외 펀드는 과세 방식이 완전히 다르기 때문에, 투자 전에 반드시 구분해서 알아둘 필요가 있었다.

펀드의 세금은 단순히 펀드이기 때문에 똑같은 게 아니다.

펀드가 투자하는 자산의 위치(국내 vs 해외)에 따라 세법 적용
이 다르다. 국내 주식형 펀드는 비교적 단순하다. 펀드에서 발
생한 매매차익은 비과세이고, 운용 중에 발생한 배당소득에
대해 15.4% 세금이 펀드 내에서 자동 원천징수 된다. 즉, 투자
자는 펀드를 환매할 때 따로 세금 신고를 할 필요가 없다.

하지만, 해외 펀드는 다르다. 해외 주식형 펀드는 환매 시
발생한 매매차익이 과세 대상이며, 기타 소득세 15.4%가 부
과된다. 즉, 투자수익이 100만 원이면 15만 4천 원의 세금이
원천징수 된다. 나의 경우 매매차익이 150만 원 정도 됐었기
때문에 기타 소득세 23만 1천 원이 원천징수 된 것이었다.

기타 소득세: 231,000원
후취 수수료: 179,000원
합계:　　　410,000원

그동안은 세금을 제대로 계산해 본 적이 없어서 내가 얼마
를 내고 있는지 정확하게 몰랐다. 항상 세금을 제한 금액을
받다 보니, 그 자체를 당연하게 생각했다. 근데 이번 기회를
통해 깨달았다. 세금이야말로 내가 모르는 사이 내 주머니에
서 조용히 새어 나가던 돈이라는 것을 말이다.

만약 내가 2020년 당시 연금저축 계좌를 개설해서 펀드에

가입했더라면, 펀드를 해약해도 기타 소득세를 내지 않아도 됐다. 금융사를 다른 곳으로 옮긴다고 해도 연금저축 계좌는 이전이 가능하기 때문에, 이 경우에도 이전하는 시점에 기타 소득세를 떼지 않는다.

그렇다고 해서 이것이 내가 앞에서 말했던 '비과세'는 아니다. 엄밀히 말하자면, '과세이연'인 것이다. 내가 막연히 같다고 생각했던 비과세와 과세이연은 엄연히 다른 것이다. 과세이연이란, 세금을 나중으로 미루는 것을 뜻한다. 즉, 소득이나 이익이 생겼을 때 바로 세금을 내지 않고, 나중에 인출하거나 실현할 때 세금을 내는 제도이다.

연금저축 계좌의 가장 큰 장점은 과세이연 효과이다. 즉, 계좌 안에서 ETF나 펀드를 사고팔아도 매매차익에 대해 세금이 붙지 않는다. 세금은 오직 '연금을 받을 때' 한 번만 과세된다.

예를 들어 일반 계좌에서 해외 ETF를 매매하면 수익의 15.4%가 매번 원천징수 된다. 하지만 연금저축 계좌에서는 수십 년 동안 운용해도 세금이 붙지 않고 55세 이후 연금을 찾을 때 3.3%~5.5%(연령별로 다름)의 낮은 세율이 적용된다. 세금이 단지 미뤄지는 것뿐만이 아니라 할인까지 되는 것이다. 그만큼 복리 효과가 커지고, 장기적으로 세후 수익률의 차이가 매우 벌어진다.

이번 기회를 통해서 나는 절세의 중요성을 제대로 깨달았고, 장기투자를 함에 있어서 계좌 선택이 얼마나 중요한 것인지도 확실히 알게 됐다. 일반 계좌에서 투자하는 것과 절세 계좌에서 투자하는 것의 차이는 투자 기간이 길어질수록 엄청난 차이가 발생한다. 그제야 나는 망설임 없이 아이 앞으로 연금저축 계좌를 개설했다.

많은 부모가 자녀 명의로 적금통장은 열지만, 연금저축 계좌까지는 잘 생각하지 않는다. 연금은 노후 준비용인데, 아이가 벌써 그런 걸 왜 하냐는 생각 때문이다. 심지어 증권사 직원도 그렇게 조언할 정도이니 일반인들은 오죽하겠나 싶다.

하지만 연금저축은 단순히 은퇴 대비 상품이 아니다. 세금 혜택을 받으며 장기투자 할 수 있는 최고의 투자 계좌이다. 게다가 미성년자일수록 시간이라는 가장 큰 무기를 갖고 있기 때문에, 복리의 효과는 성인보다 훨씬 강력하게 작용한다.

만약 자녀가 10살일 때 계좌를 열고 매달 10만 원씩 투자한다고 가정해 보자. 연 7% 수익률 기준으로 아이 30세가 될 때 약 4,800만 원, 40세에는 1억 원 이상으로 불어난다. 미성년자 시절에 이런 시스템을 만들어준다면, 아이는 시간이 만든 복리의 결과를 직접 체험하게 된다.

미성년자 연금저축 계좌는 부모의 동의(법정대리인 서류)를 받고 미성년자 명의로 개설할 수 있다. 은행, 증권사, 보험사 어디서든 가능하지만, 증권사에 개설하면 ETF나 펀드 등 다양한 상품에 투자할 수 있다.

한 가지 주의할 점은 미성년자는 소득이 없어서 연말정산 세액공제 혜택은 받을 수 없다. 하지만 '납입 연도 전환 특례 제도'를 활용하여 소득이 발생한 시점에 연말정산 세액공제 혜택을 받을 수 있다. 납입 연도 특례제도란 세액공제를 받지 않은 연금 계좌의 저축 금액에 대해 다음 연말정산 때 소급해서 세액공제를 신청할 수 있는 제도이다. 이 제도를 통해 아이가 취업하면 불입해 놓은 저축 금액을 소급해 첫해부터 한도를 꽉 채워 세액공제를 받을 수 있을 것이다.

아이들 앞으로 각각 연금저축 계좌를 개설하고 현금화한 자금을 한곳으로 모았다. 목돈으로 모인 자금은 나만의 ETF 포트폴리오로 분할 매수했다. 다만 한 가지 고민은 매월 10만 원씩 불입하다가 해약한 펀드였다. 매월 10만 원씩 ETF로 매수하자니 금액이 적고, 무엇보다도 번거로웠기 때문이다. 생각 끝에 연금저축 계좌 안에서 펀드에 가입하기로 했다. 연금저축 계좌에서는 ETF와 펀드에 투자할 수 있고, 메뉴가 구분되어 있다. 펀드 메뉴에서 펀드를 별도로 가입할 수 있었기 때문에 그 기능을 활용하기로 했다. 나는 매월 10만 원씩 에셋플러스 글로벌리치투게더 펀드를 자동 매수 신청했다.

10년 동안 모아온 아이의 자금은 복리로 굴러갈 준비가 됐다. 여기저기 흩어져 있었지만, 중요한 것은 끈을 놓지 않았다는 것이다. 아이가 성인이 되어서도 이어갈 수 있는 투자 시스템의 토대를 만들어주고 싶다는 나의 바람이 끈을 놓지 않을 수 있었던 이유였다. 이제야 조금은 발전된 나의 금융 지식으로 어느 정도 투자의 틀을 만들 수 있게 된 것이다.

과세이연 효과를 누리며 복리로 쑥쑥 자라날 아이의 투자금을 떠올리면, 연금저축 계좌는 엄마인 내가 아이들에게 줄 수 있는 최고의 선물이라 생각한다.

Key Point

아이에게 일반 펀드를 가입했다가 세금 41만 원이 빠져나가는 경험을 하며, 세금이 투자수익에 큰 영향을 준다는 사실을 깨달았다. 연금저축 계좌는 매매차익 과세가 없는 '과세이연' 구조라 장기투자·복리 효과가 훨씬 유리하다는 것을 알고, 결국 아이 앞으로 연금저축 계좌를 개설했다.

자녀 증여세
신고해야 하는 이유

"팀장님, 자녀에게 증여해 주셨어요? 10년마다 2천만 원씩 증여해 줄 수 있잖아요."

"아니, 나는 안 해줬어. 굳이 해줄 필요가 있을까 싶어서. 2천만 원이 없기도 하고."

어느 날 직장 후배가 나에게 자녀 증여 신고에 관해 물었다. 나도 미성년자 자녀에게 10년 단위로 2천만 원까지 증여해 줄 수 있다는 건 알고 있었다. 하지만 내가 증여해 줄 생각은 미처 하지 못했다. 가장 큰 이유는 한 번에 2천만 원을 증여해야 할 것 같은 부담감 때문이었다.

아이가 어릴 때 증여하는 이유는 아이 계좌에서 자금을 운용할 때 수익이 많이 발생하면 문제가 될 소지가 있기 때문이다. 예를 들어 내가 아이에게 준 졸업 선물 700만 원을 증여 신고하지 않았다고 가정하자. 이 돈을 예금통장에 잘 보관했다가 아이가 성인이 된 후에 학자금이나 유학비 등으로 사용하면 문제가 되지 않는다.

그런데 만약 700만 원을 주식계좌에서 운용해서 20년 뒤에 1억이 됐다면, 이 시점에 문제가 될 수 있다. 아이가 소득이 없던 미성년자 시절에 발생한 700만 원에 대한 자금의 출처가 명확하지 않기 때문이다. 이 경우 700만 원을 증여하는 시점에 증여 신고를 했다면 증여세는 0원이다. 하지만, 운용해서 1억이 된 시점에 증여세를 내게 되면 1억 원의 10%인 1천만 원의 세금을 내야 하는 것이다.

아이의 자금이 여기저기 흩어져 푼돈처럼 느껴졌을 때는 이 사실이 크게 와닿지 않았었다. 투자수익이라고 해봐야 주식에서 몇십만 원, 펀드에서 150만 원이 전부였기 때문이다. 그런데 금융 지식이 쌓이면서 아이의 자금을 제대로 투자하겠다고 포트폴리오까지 만들고 나니 생각이 달라졌다. 지금 100만 원이 나중에 얼마가 될지 모르는데, 알면서 가만히 있을 수는 없었다. 이미 증여 신고가 된 금액으로 운용을 시작한다면, 돈이 불어날 때도 가치 상승분에 대해서 세금을 부과하지 않기 때문이다.

그제야 나는 자녀 증여에 대해 알아보기 시작했다. 미성년자 아이들은 수입이 없어서 부모님으로부터 투자 금액을 받을 수밖에 없다. 이 일정 금액이 사회 통념상의 용돈 수준을 넘어가게 되면 증여로 간주한다. 증여받으면 원래 수증자, 즉 아이가 세금을 내야 하지만 정부에서는 부모가 미리 증여 신고를 할 경우 세금을 면제해 주고 있다. 면제받을 수 있는 세금은 10년간 2천만 원이며, 아이가 성인이 되는 스무 살까지 총 4천만 원 증여에 대해 세금을 내지 않는다.

여기서 중요한 것은 아이가 성인이 될 때까지 4천만 원을 면제해 주는 것이 아니라, 10년 내 2천만 원 증여분에만 두 차례 세금을 면제해 주는 것이다. 예를 들어 아이가 태어나자마자 0세에 증여 신고를 하고 면제받으면, 아이가 10세가 됐을 때 또 한 번 세금 면제를 받고 추가로 2천만 원을 증여해 줄 수 있다. 하지만 만약 아이가 7세가 된 해에 첫 증여를 했다면, 그다음 면세혜택을 받는 것은 그로부터 10년 뒤, 아이가 17세가 되는 해이다.

이 사실을 알고 진작 증여 신고를 하지 않은 게 후회됐다. 왜냐하면 나는 10년 단위로 증여 한도가 발생하는 줄 알았기 때문이다. 나는 아이가 16세에 처음 증여 신고를 했다. 그런 뒤 20세가 되면 새로운 한도가 발생한다고 생각했는데 그게 아니었다. 내 아이는 26세가 돼야 새로운 증여 한도가 발생하는 것이다. 이럴 수가.

지금 와서 생각하니 아이가 태어났을 때 일단 100만 원이라도 증여 신고를 해야 했다. 증여 신고는 한 번에 2천만 원을 해야 하는 것이 아니다. 소액이라도 여러 번 누적으로 2천만 원까지 신고할 수 있다. 첫 신고 시점부터 10년이라는 기간이 가동되는 것이기 때문에 0세에 100만 원, 9세에 1,900만 원을 신고하면, 10세에 새로운 2천만 원 한도가 발생한다. 이 경우 자녀가 성인이 되기 전에 총 4천만 원을 증여해 줄 수 있다.

현금 증여 신고는 개인이 직접 국세청 홈택스에서 간단하게 진행할 수 있다. 홈택스에 로그인하면 세금 신고에 증여세 신고 메뉴가 있다. 여기서 일반 증여 신고를 선택한다. 만약 2천만 원을 한 번에 증여하는 경우라면 현금 증여 간편 신고로 한 번 신고하면 끝이다. 정말 간편하다. 하지만 만약 여러 번에 나눠서 신고하게 되면 정기 신고를 선택한다. 정기 신고는 신고할 때마다 매번 지난 신고 건을 불러와 누적으로 신고해야 한다. 이게 번거롭긴 한데 그래도 여러 번 나눠서 증여할 수 있다는 것이 장점이다.

증여 한도와 관련한 좋은 소식이 있다면, 물가 상승과 떨어지는 화폐가치를 반영하여 2024년에 이 금액이 상향 조정됐다는 것이다. 태어난 아이와 관련해 주목할 부분은 기존에 있던 한도 외에도 태어난 지 2년 내 아이에게 증여할 때 1억 원까지 증여세 면제가 된다. 즉, 기존에 있던 10년간 2천만 원에 2024년 추가된 출산 공제 1억 원을 더해 아이가 태어난 후 1억 2천만 원까지 증여세를 내지 않아도 된다.

증여세율은 고액을 증여할수록 높아진다. 과거에는 1억 원 이하 증여분에 대해서 10%를 적용했지만, 2024년 개정안에서 2억 원 이하 10%로 조정됐다. 상속·증여세율 및 과세표준 조정 내용을 보면, 다음과 같다.

2억 원 이하: 10%

5억 원 이하: 20%

10억 원 이하: 30%

10억 원 초과: 40%

증여 신고는 최초 입금일로부터 3개월 이내에 하면 된다. 관할 국세청이나 온라인 국세청 '홈택스'에서 신고할 수 있다. 필요 서류는 수증자(자녀) 기본증명서, 가족관계증명서, 계좌 확인서, 입금확인증 등이다.

아이에게 목돈을 주기 어려운 경우에 활용할 수 있는 제도로 '유기정기금 증여'라는 것이 있다. 유기정기금 증여는 증여 계약을 체결한 후 기한을 정해놓고 아이에게 매달 증여하고 세금 혜택을 받는 방법이다. 이 제도를 이용하면 나처럼 증여

할 때마다 매번 지난 신고분까지 불러와 누적으로 신고해야 하는 번거로움을 피할 수 있다.

특히 이 금액은 연 3%씩 복리가 적용된다. 예를 들어 미성년 자녀에게 10년간 매월 18만 9천 원씩 증여하면 총 2,268만 원을 증여한 것이지만, 할인율 3%가 적용돼 증여재산 가액이 1,993만 원으로 책정된다. 이 경우 세금 공제 한도인 10년간 2천만 원 내의 금액이기 때문에 세금을 내지 않아도 된다.

만약 유기정기금 증여 제도를 활용해 아이에게 매월 일정 금액을 증여하고 싶다면, 본인이 직접 증여 계약을 체결하는 것과 자산운용사를 이용하는 방법이 있다. 일부 자산운용사에서는 아이가 펀드를 가입할 때 유기정기금 증여 신고 대행 서비스를 제공해 준다. 나도 이 서비스를 이용해서 펀드에 가입하려고 고민한 적이 있었는데, 매월 18만 9천 원을 내야 하는 것이 부담스러워서 가입하지 않았다. 아이가 둘이어서 납입 금액도 두 배가 되기 때문이다.

나의 경우 현재 아이들 계좌에서 월 10만 원씩 펀드를 매수하는 것은 증여 신고를 하지 않고 있다. 이미 10년간 증여할 수 있는 한도도 끝났을뿐더러 성인이 되어 용돈이나 유학 등 학업에 필요한 돈으로 사용하면 크게 문제가 되지 않기 때문이다. 만약 투자로 불어난 돈이 문제가 된다면, 그때 시점에서 증여세 신고를 할 수 있겠다는 마음의 준비는 하고 있다.

말로는 쉽지만, 실제로 아이에게 계좌를 개설하고, 증여하고, 신고까지 하는 것이 간단한 일은 아니다. 최근 나의 조카도 동일한 과정으로 가입했던 펀드를 해약하고, 연금저축 계좌로 옮기는 과정을 거치고 있다. 이 과정에서 증여 신고도 할 예정이다.

펀드를 해약하는 것부터 증권사 계좌를 개설하고 증여 신고를 하기까지 생각보다 쉽지 않은 여정이 될 수 있다. 단단히 마음을 먹지 않는다면, 다른 일들에 우선순위를 뺏겨 차일피일 미뤄질 수 있다.

그럼에도 불구하고 어떤 방법이든 증여 신고를 해주는 것이 좋다. 증여 신고를 하는 것이 아이의 계좌를 운용하기 위해서 가장 우선돼야 하는 일이다. 하루라도 빨리 증여 신고를 하고 투자를 시작하면, 그만큼 아이의 시간이라는 가장 강력한 자산이 움직이기 시작한다.

아이에게 물려줄 수 있는 진짜 유산은 돈이 아니라 '돈이 자라는 시스템'이다. 그 시스템의 첫 단추가 바로 증여 신고와 계좌 개설이다. 지금 그 첫 단추를 제대로 끼워놓는다면, 아이는 앞으로 어떤 경제 환경 속에서도 자신의 부를 스스로 관리할 수 있는 주체적인 어른으로 성장할 것이다.

Key Point

증여세는 10년마다 2천만 원까지 면제되며, 신고 시점이 중요하기 때문에 소액이라
도 일찍 신고해야 복리 성장을 온전히 아이 몫으로 만들 수 있다. 증여·계좌 개설·투자
시스템을 일찍 만들어 두면 아이는 세금 부담 없이 자산을 키우는 구조를 갖게 되고,
이는 결국 돈보다 값진 '돈이 자라는 시스템'이라는 유산이 된다.

합법적으로 절세하며 투자할 수 있는 ISA

　'이 아이가 언젠가 성인이 되면 어떤 선물을 해주는 게 진짜 어른이 되는 축하일까?'

　나는 가끔 아직 주민등록증도 나오지 않은 고등학생 아들을 보며 생각한다. 아이가 인생을 살아감에 있어 정말 필요한 것은 무엇일까. 좋은 옷, 좋은 신발, 최신 휴대전화 같은 것들은 잠깐의 만족일 뿐이다. 하지만 세상에 첫발을 내딛는 순간부터 '돈'이라는 현실 앞에 마주 서야 하는 게 어른의 삶이다. 그렇다면 나는 부모로서 그 현실을 좀 더 현명하게 맞설 수 있는 '도구'를 선물해 주고 싶다.

　이렇게 생각하다 보니, 아이가 스무 살이 되는 날 가장 먼저 만들어줄 선물은 ISA 계좌라는 결론에 이르렀다.

　ISA(Individual Savings Account, 개인종합자산관리계좌)는 한마

디로 예금, 펀드, ETF, 리츠, 국내 주식까지 한 계좌 안에서 운용할 수 있는 통합형 투자 계좌다. 은행에서도 만들 수 있고, 증권사에서도 개설할 수 있다.

과거에는 주식과 펀드, 예금을 각각 따로 관리해야 했지만, ISA는 그것들을 한데 묶어 개인 자산 포트폴리오를 구성할 수 있도록 만든 제도다. 이 말은 곧, 한 번의 선택으로 여러 형태의 자산을 조합할 수 있다는 뜻이다.

성인이 되면 누구나 돈을 다뤄야 한다. 돈을 벌고, 저축하고, 세금을 내며, 자신의 재정을 설계해야 한다. 하지만 대부분은 어디서부터 시작해야 할지 모른다. 사회에 첫발을 내딛는 청년들이 가장 먼저 부딪히는 벽은 금융의 문턱이다. 통장을 여는 것조차 어렵게 느껴지고, 투자라는 말은 여전히 두렵다.

투자를 경험하면서 한 가지 확실히 깨달은 게 있다. 성인이 되면 가장 먼저 해야 할 일은 바로 ISA 계좌를 여는 것이라는 사실이다.

ISA는 단순한 금융상품이 아니다. 국가가 합법적으로 절세하며 투자하라고 공식적으로 인정해 주는, 정부 차원의 금융 독립 훈련장 같은 제도다. 즉, 투자의 문턱을 낮춰주는 가장 현명한 출발점이다.

ISA의 큰 매력 중 하나는 바로 국내 주식을 직접 투자할 수 있다는 점이다. 연금저축이나 IRP 계좌에서는 국내 주식을 직접 사고팔 수 없다. ETF나 펀드 같은 간접 상품만 가능하다. 하지만 ISA는 다르다. 삼성전자, 현대차, 네이버, 카카오 같은 국내 대표 기업을 자신의 이름으로 직접 매수하고 매도할 수 있다. 이는 단순히 주식을 사고파는 행위 그 이상이다.

자신이 소비하던 브랜드, 매일 이용하던 서비스가 어떤 회사의 가치를 기반으로 성장하는지를 주주의 시선으로 바라보는 경험이다. 그 경험이야말로 아이가 돈을 단순한 수단이 아닌 경제적 언어로 이해하게 만드는 순간이다.

물론 ISA에서는 해외 주식 직접 투자가 불가능하다. 하지만 대신, 해외 지수를 추종하는 ETF를 담을 수 있다. 예를 들어 S&P500 ETF, 나스닥100 ETF, MSCI 월드 ETF 등을 통해 글로벌 시장에 간접적으로 투자할 수 있다. 즉, ISA는 국내 주식 직접 투자+글로벌 ETF 간접투자라는 두 가지 기능을 모두 가진, 효율적이고 실속 있는 절세형 계좌다.

게다가 투자하다 보면 누구나 깨닫게 된다. 수익률보다 더 중요한 것은 세금이라는 사실을 말이다. 아무리 높은 수익을 내도, 세금으로 대부분 빠져나가면 실질 수익은 줄어든다. ISA는 그 문제를 정확히 해결한다.

ISA 계좌는 3년 이상, 보통 5년 이상 유지 후 해지 시 수익

중 200만 원(서민형은 최대 400만 원)까지 비과세, 그 이상은 9.9%의 분리과세만 적용된다. 일반 계좌의 금융 소득세율 15.4%보다 훨씬 낮다. 게다가 ISA는 다른 소득과 합산되지 않는다. 즉, 근로소득이나 사업소득이 많더라도 ISA의 수익은 따로 과세된다.

이건 단순한 절세가 아니다. 합법적으로 세금 효율을 극대화할 수 있는 제도적 장치다. 부자는 돈을 많이 버는 사람이 아니라, 세금을 효율적으로 관리할 줄 아는 사람이라는 말이 있다. ISA는 바로 그 습관을 길러주는 첫 번째 계좌다.

나는 아이가 '투자'라는 단어를 두려워하지 않게 해주고 싶다. 왜냐하면 대부분의 젊은이가 투자에 대한 첫 경험을 잘못 시작한다. 단기 수익, 테마주, 고수익 광고, SNS 속 한방 이야기들에 쉽게 흔들린다. 하지만 ISA는 그런 위험한 출발을 막아준다.

ISA 안에서는 예금처럼 안전한 상품과 ETF, 펀드, 국내 주식을 함께 운용할 수 있다. 즉, 위험을 스스로 조절하면서 투자 감각을 익힐 수 있는 구조다. 예를 들어 처음에는 ISA 내에서 예금 70%, ETF 20%, 국내 주식 10%로 시작할 수 있다. 그러다가 투자에 익숙해질수록 주식 비중을 늘리고, 장기적으로 복리의 효과를 체험할 수 있다.

이건 단순히 돈을 버는 연습이 아니다. 돈을 관리하는 사고

방식을 배우는 과정이다. 그리고 이 경험은 단 한 번의 강의로, 한 권의 책으로 배울 수 있는 게 아니다. 실제 계좌 안에서 스스로 선택하고, 결과를 체험하는 과정에서만 몸으로 배워진다. ISA는 그 체험의 가장 안전하고 효율적인 장이다.

ISA의 세제 혜택은 계좌를 만든 시점부터 계산된다. 그래서 하루라도 빨리 개설하는 것이 유리하다. 아직 돈이 없어도 괜찮다. ISA는 계좌만 열어두고 나중에 납입해도 된다. 즉, 시작하는 순간부터 혜택이 쌓이는 구조이다.

그래서 나는 결심했다. 우리 아이가 주민등록증을 받는 날, 그날 바로 ISA 계좌를 만들어줄 것이다. 그 통장은 아마도 아이 인생에서 가장 현명한 첫 금융 도구가 될 것이다. 휴대전화보다, 자동차보다, 어떤 명품보다 훨씬 오랫동안 효용이 있을 선물이다. 그건 일시적인 만족이 아니라, 시간이 지날수록 가치를 키우는 선물이기 때문이다.

ISA의 또 다른 장점은 연금 계좌로의 이관이 가능하다는 점이다. 3년 이상 운용 후 만기 시, ISA 안에 있는 자산을 그대로 연금저축으로 옮길 수 있다. 즉, ISA는 단기 자산 운용 계좌이면서 동시에 '연금 자산'으로 자연스럽게 이어지는 다리 역할을 한다.

20대에는 ISA로 투자 감각을 익히고, 30대부터는 연금저축으로 연결하면, 세제 혜택과 복리 효과를 동시에 누릴 수 있다. ISA의 수익이 연금으로 넘어가면 과세이연 효과까지 생긴다. 즉, 돈이 흘러가며 일하는 구조를 스스로 설계할 수 있게 된다. 이건 단순한 통장이 아니라, 인생 전체의 금융 흐름을 만들어주는 구조다.

요즘은 코딩보다, 영어보다, 더 중요한 게 금융 감각이다. 돈을 모으는 법보다 더 중요한 건 돈을 지키고 불리는 방법이다. ISA는 단순한 투자 계좌가 아니다. 아이에게 돈의 방향을 가르쳐주는 교과서다. 이 계좌를 통해 아이는 자연스럽게 세금, 투자, 복리, 자산관리의 개념을 배우게 될 것이다.

성인이 된다는 건 단순히 나이를 먹는 게 아니라, 자신의 재정을 책임지는 것이다. ISA는 그 시작을 가장 안전하고 합리적으로 열어주는 계좌다. 국내 주식 직접 투자, 세금 절감, 연금 연결, 금융 공부. 이 모든 것을 단 하나의 통장에서 할 수 있는 제도는 ISA뿐이다.

ISA는 단지 하나의 통장이 아니다. 그건 경제적 자립을 향한 첫 번째 문을 여는 열쇠이자 부모로서 내가 아이에게 줄 수 있는 가장 실질적이고 현실적인 선물이다.

Key Point

ISA는 단순한 금융상품이 아니다. 국가가 합법적으로 절세하며 투자하라고 공식적으로 인정해 주는, 정부 차원의 금융 독립 훈련장 같은 제도다. 즉, 투자의 문턱을 낮춰주는 가장 현명한 출발점이다. 국내 주식 직접 투자, 세금 절감, 연금 연결, 금융 공부. 이 모든 것을 단 하나의 통장에서 할 수 있는 제도는 ISA뿐이다.

연금저축 세액공제 혜택 받기

    나는 아이들의 연금저축 계좌를 개설하기 몇 년 전부터 내 이름으로 연금저축 계좌를 꾸준히 운용하고 있었다. 처음엔 그저 절세 혜택이 있다는 말에 솔깃해, 연말정산 환급금을 조금이라도 더 받으려는 가벼운 마음으로 시작했다. 하지만 세월이 흐르며 이 계좌의 진짜 의미를 깨닫게 되었다.

    연금저축 계좌는 단순히 세금을 덜 내는 절세 계좌가 아니다. 그 안에는 복리의 시간을 세금 없이 온전히 누릴 수 있는 구조가 숨어 있다. 세금을 당장 내지 않고 나중으로 미루는 구조(과세이연)가 얼마나 강력한지 몸소 느끼며, 나는 아이들에게도 꼭 물려줘야 할 구조라고 생각했다.

    연금저축 계좌의 세액공제는 생각보다 훨씬 강력하다. 근로소득이 있는 성인이라면 연 600만 원 한도 내에서 납입금의 13.2%~16.5%를 세액공제로 돌려받을 수 있다. 예를 들어, 600만 원을 납입했다면 최대 99만 원까지 세금 환급이 가능하다. 즉, 정부가 개인이 스스로 노후를 준비하도록 세금 혜택을 통해 직접 보상하는 셈이다.

나는 매년 12월이 되면 자동이체 금액을 확인한다. 혹시 한도가 채워지지 않았는지 살펴보고, 부족하다 싶으면 추가 납입을 한다. 연말정산 시즌이 다가오면 그 결과가 숫자로 나타난다. 통장에 꽂히는 환급금은 언제 봐도 기분이 좋다. 그때마다 느낀다. '이렇게까지 혜택을 주는 제도가 또 있을까?'

정부가 왜 이런 구조를 만들었는지도 이제는 이해된다. 단기적인 주식 투자나 부동산 투기가 아닌, 장기적인 노후 준비를 유도하기 위한 것이다. 즉, 연금저축 계좌는 단순한 절세 수단이 아니라, 국가가 국민의 장기투자를 돕는 제도이다.

연금저축의 세금 혜택은 세액공제에서 끝나지 않는다. 이 계좌 안에서는 ETF나 펀드를 자유롭게 사고팔아도 매매차익에 세금이 붙지 않는다. 즉, 자산을 교체하거나 리밸런싱을 할 때마다 세금이 빠져나가지 않는다는 뜻이다. 바로 과세이연 효과이다.

일반 계좌에서는 매매차익이 발생할 때마다 15.4%의 배당·양도소득세가 원천징수 된다. 하지만 연금저축 계좌에서는 세금이 보류된다. 이 덕분에 자산의 성장분이 고스란히 재투자되며, 복리의 힘이 극대화된다. 이건 직접 체감한 사람만이 안다. 세금이 한 번 빠져나가면 그만큼 복리의 밑바탕이 줄어든다는 사실을.

나는 실제로 같은 ETF를 일반 계좌와 연금저축 계좌에서 각각 운용해 본 적이 있다. 5년이 지나자 두 계좌의 세후 수익률 격차가 10% 이상 벌어졌다. 일반 계좌에서는 매번 세금이 빠져나가 자본이 조금씩 줄었지만, 연금저축 계좌에서는 그 세금까지 다시 투자되며 시간이 지날수록 눈덩이처럼 불어났다. 짧게 보면 미미해 보여도, 10년, 20년이 지나면 과세이연 복리는 상상 이상의 차이를 만든다.

그때 나는 명확히 깨달았다. 세금은 눈에 보이지 않게, 하지만 꾸준히 복리의 적이 된다. 수익률을 높이는 것도 중요하지만, 세금을 줄이는 건 확정 이익을 얻는 것과 같다. 세금을 내지 않는다는 건, 그만큼 돈이 더 오래 나를 위해 일한다는 뜻이니까.

이런 경험이 있었기에, 나는 미성년자 아이들의 연금저축 계좌를 개설할 수 있었다. 이미 내 계좌에서 그 구조의 힘을 직접 목격했기 때문이다. 아이들은 아직 세액공제를 받을 수는 없지만, 과세이연 복리의 효과는 동일하게 누릴 수 있다. 게다가 그 기간이 더 길기 때문에, 복리의 효과는 어른보다 훨씬 더 강력하다.

아이에게 연금저축 계좌를 만들어준다는 건 단순히 돈을 모아주는 게 아니다. 시간을 선물하는 일이다. 복리는 이자를 버는 것이 아니라, 시간이 만들어내는 기적이기 때문이다. 10년 뒤, 20년 뒤에 가서야 그 차이를 실감하겠지만, 부모로서 지금부터 그 씨앗을 심는 것이 나의 역할이라 믿는다.

나는 아이 계좌를 개설하면서 또 하나의 제도를 알게 됐다. 바로 납입 연도 전환 특례제도이다. 이 제도는 미성년자 시절 세액공제를 받지 않고 납입한 금액을 소득이 생긴 이후 연말정산 시점에 소급해서 공제받을 수 있는 제도다.

즉, 지금은 혜택이 없어도, 아이에게 미래의 절세 혜택을 미리 저장해두는 셈이다. 마치 절세 쿠폰을 미리 쌓아두는 느낌이다.

예를 들어, 아이 나이 10살 때부터 매달 10만 원씩 10년간 납입했다고 가정하자. 총 납입금은 1,200만 원. 이 금액을 사회초년생이 되어 첫해와 두 번째 해에 걸쳐 연말정산 때 소급공제 신청을 하면, 최대 200만 원(연간 99만 원씩 두 번) 가까운 세금을 돌려받을 수 있다. 세금이 환급되는 순간, 아이는 자연스럽게 세제의 구조를 이해하게 될 것이다.

이건 단순히 돈을 돌려받는 경험이 아니다. 시간을 통해 절세를 배우는 경험이다. 아이에게 금융교육을 시키는 가장 자연스러운 방법은 돈의 흐름을 눈으로 보게 하는 것이다.

연금저축 계좌의 세율 구조를 보면 그 철저함에 놀라게 된다. 연금 수령 시점에 인출되는 금액에 대해서는 단 3.3~5.5%의 연금소득세만 부과된다. 이는 일반 계좌에서 ETF 매매 시 적용되는 15.4%의 세율보다 절반 이하다. 즉, 세금을 미루는 것뿐만 아니라, 할인받는 것이기도 하다.

이 구조는 장기투자자에게 완벽하게 설계되어 있다. 투자 기간이 길수록 세율은 낮아지고, 세금이 붙지 않은 자산은 복리로 성장한다. 결국, 시간이 길수록 혜택은 커지고 리스크는 줄어든다. 연금저축 계좌는 시간을 투자할 줄 아는 사람에게 가장 큰 보상을 준다.

나는 이 구조를 완전히 이해했을 때 머릿속이 환하게 트였다. 연금저축 계좌는 세금을 아끼기 위한 수단이 아니라, 장기투자에 최적화된 복리 플랫폼이구나. 그제야 나는 일반 계좌에 있던 ETF 일부를 연금저축으로 옮기기 시작했다. 세금이 붙지 않으니 리밸런싱이 훨씬 편했고, 수익률의 하락 없이 자산을 재분배할 수 있었다.

이건 단순히 수익의 문제가 아니다. 투자 효율성의 문제였다. 세금을 줄이면서 복리의 시간을 온전히 누릴 수 있다는 점에서, 연금저축 계좌는 투자의 종착역이자 가장 효율적인 성장 엔진이라 할 수 있다.

이런 나의 경험은 고스란히 아이들의 계좌에도 반영됐다. 나는 아이들에게 단순히 투자해야 한다는 것이 아니라, 세금까지 고려하는 투자를 해야 한다고 가르치고 싶었다. 이건 단순히 돈을 버는 기술이 아니라, 돈의 흐름을 읽는 사고방식을 배우는 일이다. 어떤 상품을 사느냐보다, 어떤 계좌에서 사느냐가 훨씬 중요하다. 세금 구조를 이해하는 순간, 아이는 단순한 투자자가 아니라 절세형 투자자로 성장할 수 있다.

결국, 연금저축 계좌는 세금을 아끼는 계좌가 아니라, 미래를 설계하는 사고방식을 길러주는 계좌다. 세금은 단순히 숫자가 아니라, 돈의 흐름을 바꾸는 보이지 않는 구조이기 때문이다.

아이 이름으로 개설된 연금저축 계좌를 볼 때마다 나는 생각한다. 이건 단순히 돈이 쌓이는 통장이 아니다. 복리의 마법과 절세의 힘, 그리고 경제적 사고방식이 함께 자라는 하나의 성장 그릇이다.

이 계좌 속에는 단순한 숫자가 아니라, 시간이 담겨있다. 매달 조금씩 쌓이는 금액은 결국 돈의 가치뿐 아니라 기다림의 가치를 배우게 할 것이다. 언젠가 아이가 성인이 되어 돈보다 값진 건 결국 시간과 배움이라는 걸 깨닫게 될 그날을 생각하니 웃음이 난다.

연금저축 계좌는 세액공제와 과세이연을 통해 복리 효과를 극대화해 장기투자에 가장 유리한 구조이다. 미성년자도 세액공제는 없지만 같은 과세이연 복리를 누릴 수 있고, '납입 연도 전환 특례제도'를 통해 미래에 소급 공제까지 받을 수 있다.

퇴직금은 무조건
IRP 계좌로

　나는 한동안 '퇴직금'이라는 단어를 들으면 마음 한구석이 무거웠다. 퇴직금을 노후까지 운용해야 한다는 개념조차 몰랐던 시절, 나는 세 번의 퇴사 때마다 받은 퇴직금을 다 써버렸다. 처음에는 흐지부지 사라졌고, 두 번째는 여행 경비로, 자유롭게 떠나고 싶었던 순간들을 위해 썼다. 세 번째는 새로운 일을 시작하기 위한 남편의 사업 자금으로, 미래의 가능성을 위해 쓴다고 스스로 위로하며 썼다.

　그때는 그게 당연하다고 생각했다. 퇴직금은 내가 일한 대가니까, 지금 필요한 곳에 쓰는 게 맞지.

　하지만 시간이 지나고 나서야 깨달았다. 퇴직금은 단순한 보상금이 아니라, 다시 일하지 않아도 될 미래를 위한 자본금이었다. 그 사실을 깨달았을 때, 솔직히 조금 후회되었다. 만약 그 돈을 제대로 운용했더라면, 지금보다 훨씬 안정적인 노후를 준비할 수 있었을 텐데, 나는 그저 단기적인 필요를 채우는 데 퇴직금을 사용하고 말았다.

그러나 지나간 일은 돌이킬 수 없다. 그래서 나는 지금이라도, 현재 적립되고 있는 퇴직금과 앞으로 받을 금액을 최대한 효율적으로 운용하기로 결심했다. 그리고 그 과정에서 IRP 계좌의 중요성을 몸소 깨닫게 되었다.

퇴직금은 단순히 통장에 넣어둘 수 있는 돈이 아니다. 법적으로 퇴직금은 반드시 IRP(개인형 퇴직연금) 계좌로 수령해야 한다. 즉, 퇴직금을 받은 순간부터 그 돈은 장기적으로 운용해야 하는 자산이 된다. 처음 이 사실을 알았을 때 솔직히 답답했다. '퇴직금을 바로 쓸 수 없는 건가?' 하지만 곰곰이 생각해 보니, 이 제약이 오히려 퇴직금의 가치를 극대화하는 장치라는 것을 깨달았다.

IRP 계좌에 퇴직금을 넣으면, 몇 가지 강력한 장점이 있다.

1. 세액공제 혜택

이건 퇴직금이 아닌 개인용 IRP 계좌의 고유한 혜택이지만, 연말정산 시 일정 금액을 공제받을 수 있어 단순한 저축보다 훨씬 유리하다. 적은 금액일지라도 장기적으로 보면 꽤 큰 힘이 된다. 예를 들어, 연 900만 원 한도로 세액공제를 받을 수 있는 지금의 제도를 활용하면, 단순히 통장에 넣어두는 것과 비교할 수 없는 절세 효과가 있다.

2. 과세이연 효과

계좌 안에서 발생하는 수익에 대한 세금은 계좌를 벗어나기 전까지 붙지 않는다. ETF나 펀드, 채권 등 다양한 금융상품을 사고팔아도 세금이 바로 붙지 않기 때문에, 복리의 힘을 최대한 활용할 수 있다. 처음에는 묶이는 돈처럼 느껴지지만, 사실은 돈이 스스로 일하게 만드는 과정이다. 내가 실제로 경험하면서 깨달은 것은, 시간이 지날수록 '복리'라는 이름의 힘이 눈에 보이기 시작한다는 것이다.

3. 연금 형태로 수령 시 세금 감면

퇴직금을 연금으로 수령하면 퇴직소득세를 30%까지 감면받을 수 있다. 반대로 일시금으로 받으면 세금을 바로 원천징수 해야 하므로, 같은 금액이라도 세금 부담이 훨씬 커진다. 나는 이 차이를 계산해 보고 깜짝 놀랐다. 단순히 숫자만 놓고 보면 큰 차이가 없을 듯하지만, 장기적으로 보면 몇천만 원의 차이가 생길 수도 있다.

과거의 나는 이런 사실을 전혀 몰랐다. 퇴직금을 받으면 이미 세금을 제하고 들어온 돈이라고 생각했고, 그저 당장 필요한 것에만 사용했다. 하지만 지금은 안다. IRP로 돈을 넣고, 연금 형태로 받아야 퇴직금이 장기적으로 일하게 되는 최적의 방법이라는 것을 말이다.

한편, 많은 사람이 IRP를 묶이는 통장으로 오해한다. 하지만 그 안에서는 ETF, 채권, 펀드 등 다양한 자산으로 운용할 수 있다. 나는 현재 IRP 계좌에서 몇 가지 ETF를 혼합해서 운용하고 있다. 처음에는 변동성이 생길 때마다 순간적으로 마음이 흔들렸다. '내 퇴직금이 마이너스 나는 건 아닐까?' 하지만 장기적으로 보면, 돈이 복리로 자라나는 모습을 그대로 느낄 수 있었다.

내가 투자한 ETF 하나하나가 스스로 움직이고, 자라나는 모습을 보는 경험은 단순한 금융 지식을 넘어, 돈을 바라보는 관점 자체를 바꾸는 경험이었다. 과거의 나에게 해주고 싶은 말이 있다면 이거다.

"퇴직금은 쓰는 돈이 아니라, 네가 다시 일하지 않아도 되게 만들어주는 돈이다."

연금으로 수령하면 세금 부담이 줄어드는 것은 단순한 절세가 아니다. 그 자체로 퇴직금이 시간과 복리 속에서 더 오래 일하도록 만드는 장치다. IRP라는 계좌가 단순히 묶여 있는 돈이 아니라, 돈이 스스로 일하게 만드는 플랫폼이라는 사실을 깨달았을 때, 나는 마음속으로 큰 안도감을 느꼈다.

퇴직금을 현금으로 바로 쓰지 못한다는 사실은 처음에는 답답하다. 하지만 시간이 지나면, 그것이 얼마나 큰 축복인지 깨닫게 된다. 겉보기에는 잠시 돈이 묶이는 것 같지만, 사실은 시간을 내 편으로 만드는 과정이다.

나는 IRP 안에서 퇴직금이 복리로 자라는 모습을 볼 때마다, 과거에 흘어 썼던 나를 떠올렸다. '만약 그때 IRP를 알았더라면…' 하는 아쉬움도 있었지만, 지금이라도 늦지 않았다는 생각이 마음을 놓이게 한다.

IRP 계좌를 통한 투자 경험은 단순한 금융 지식을 넘어, 돈을 바라보는 시각 자체를 바꾸는 경험이었다. 돈을 모으고, 불리고, 세금까지 계산하며 운용할 수 있다는 사실은 아이에게 보여줄 수 있는 현실적인 금융교육이기도 했다. 언젠가 아이가 자라 내 계좌를 볼 때, 퇴직금이 어떻게 계속 일하는 돈이 되었는지 직접 보여주고 싶다.

금융교육은 말보다 행동으로 보여주는 것에서 시작된다. 부모가 퇴직금을 소비하지 않고 IRP로 운용하는 모습을 보여주는 것만으로, 아이에게 돈은 쓰는 것이 아니라 자라게 하는 것이라는 강력한 메시지가 전달된다. 나는 아이에게 단순히 돈을 모으라고 가르치기보다, 돈을 오래 일하게 하고, 세금까지 생각하며 운용하라는 것을 보여주고 싶다. 그건 단순한 금융 기술이 아니라, 시간과 복리, 절세를 이해하는 경제관념의 시작이다.

퇴직금은 내 인생의 한 장이 끝날 때마다 주어지는 작은 보너스 같았다. 하지만 이제는 안다. 그 돈은 단순한 보상이 아니라, 다시 일하지 않아도 되게 만드는 미래의 시간이다. IRP에 넣고 연금으로 수령할 때의 감세 혜택과 복리 운용 효과를 생각하면, 과거의 나처럼 바로 쓰고 끝내는 선택은 더는 하고 싶지 않다.

이제 나는 퇴직금을 받으면 가장 먼저 IRP를 떠올린다. 그리고 마음속으로 조용히 말한다. '이번엔 다르다. 앞으로는 내 퇴직금이 평생 일하게 할 거야.'

아이에게도, 나에게도, 퇴직금이 단순한 숫자가 아니라 시간과 배움이 함께 자라는 씨앗임을 보여주는 일. 그 생각만으로도 마음이 든든하고 기대가 된다. 언젠가 아이가 이 계좌를 스스로 바라보며 깨달을 날을 생각하면, 나는 이미 뿌듯함과 설렘을 느낀다. 그때가 되면, 과거의 나처럼 퇴직금을 함부로 쓰지 않았던 선택이 얼마나 큰 선물이었는지, 아이도 나도 분명히 알게 될 것이다.

Key Point

과거에는 퇴직금을 쓸 돈으로만 여겨 모두 소비했지만, 퇴직금은 '다시 일하지 않아도 되게 만드는 자본'이라는 사실을 뒤늦게 깨달았다. IRP 계좌는 퇴직금을 반드시 넣어야 하는 법적 수단이자, 세액공제·과세이연·연금 수령 시 세금 감면 등 강력한 절세 혜택으로 퇴직금을 가장 효율적으로 불릴 수 있는 계좌다.

5장

10억
연금 부자를 꿈꾸며

내가 정말로 아이에게 주고 싶은 것은 돈을 대하는 태도, 자산을 바라보는 관점, 그리고 시간을 아군으로 만드는 능력이다. 그 모든 시작점이 바로 '첫 1억'이다. 1억이 모인 계좌는 아이에게 이미 부의 첫 번째 언덕을 넘어섰으며, 앞으로의 길은 아이 자신의 선택과 습관에 달려 있음을 말해주는 존재가 될 것이다. 그래서 나는 아이에게 10억의 꿈을 이야기하면서도 가장 먼저 1억을 빨리 모으는 것이 얼마나 중요한지 진심을 담아 말하고 싶다.

아이의 첫 계좌,
미래를 여는 열쇠

"민경아, 채윤이 펀드 해약하고, 연금저축 계좌로 옮긴 다음에 ETF 매수해 줘."

"연금저축 계좌? 어떻게 하는 건데?"

"일단 증권사 앱을 깔고 자녀 비대면 계좌 개설을 해. 계좌는 종합 계좌랑 연금저축 계좌 2개를 개설하면 돼. 계좌 개설이 완료되면 나한테 다시 얘기해주고."

최근 일반 계좌에서 운용 중인 조카의 펀드를 연금저축 계좌로 옮기는 작업을 진행 중이다. 펀드를 해약하고, 증권사에서 계좌를 개설한 뒤 자금을 옮겨 ETF를 매수하면 끝나는 간단한 일이다. 그런데 간단해 보이는 이 과정이 막상 해보면 절대 간단하지만은 않다는 걸 알게 된다.

CMA 계좌, 일반 주식계좌, 종합 계좌 등 비슷한 계좌의 종류들을 비롯해 예상치 못했던 오류도 발생한다. 하라는 대로 했는데 하고 나면 확인이 안 된다거나, 정보가 안 맞는 경우도 빈번하다. 결국 포기하고 지점을 방문하려고 하면 요즘은 지점을 없애는 추세라 근처에 있는 지점도 차를 타고 이동해야 하는 경우가 대부분이다.

얼마 전 조카 계좌 개설 문제로 동생과 증권사 지점에 방문했다. 지점에 방문한다고 해서 원하는 업무가 모두 해결되는 건 아니었다. 당일에 처리할 수 있는 일을 처리하고 집에 가서 해야 하는 6개의 리스트를 받아왔다. 하지만, 계속되는 오류들로 아직도 계좌 개설을 완료하지 못했고, 결국 다시 지점을 방문한다는 얘기를 들었다.

하루가 멀다고 괴로움을 토로하는 동생을 보면서 잊고 있던 기억이 떠올랐다. 나도 내 아이들의 계좌를 개설하고 포트폴리오를 세팅하기까지 힘든 시간을 보냈다. 기본증명서와 가족관계증명서를 들고 은행과 증권사를 방문한 적이 한두 번이 아니었다. 지금도 은행에 방문해서 큰아이 계좌 문제를 해결해야 할 일이 남아있다.

게다가 요즘은 증가하는 보이스 피싱과 대포통장 문제로 금융정책이 갈수록 더 까다로워지고 있다. 이번에 증권사 지점을 방문해서 새로 알게 된 사실도 있었다. 계좌를 개설하더라도 일정 기간 거래가 확인되기 전까지는 1일 이체 한도가

100만 원으로 제한된다는 것이다. 금융 거래가 예전보다 훨씬 어렵고 답답하게 느껴지는 순간이었다.

그럼에도 나는 내 아이에게만큼은 이런 변화 속에서도 흔들리지 않을 기본적인 금융 시스템을 만들어주고 싶다. 시대가 어떻게 바뀌든, 아이의 자본이 자랄 수 있는 씨앗만큼은 확실히 심어주어야 한다는 생각은 변하지 않았다.

많은 부모가 아이에게 좋은 학원과 옷, 먹거리에 아낌없이 투자한다. 하지만 정작 돈을 이해하는 능력을 키워주는 일에는 소극적이다. 어른이 되어서도 돈을 버는 법은 배웠지만, 돈이 일하게 하는 법은 배우지 못한 채 살아가는 이들이 많다. 나 역시 그런 사람 중 한 명이었다.

나는 내 아이가 그런 어른이 되지 않기를 바랐다. 그래서 어린 시절부터 아이에게 돈이 흐르는 길을 보여줘야겠다고 생각했다. 그 시작은 아주 단순했다. 첫 계좌를 만드는 것이었다.

블로그를 운영하면서 많이 받는 질문 중 하나는 계좌를 어디서 만들어야 하냐는 것이다. 특히 아이 계좌와 관련해서 "아이의 첫 계좌는 은행이 좋을까요, 증권사가 좋을까요?" 같은 질문이 많다. 대부분의 부모는 익숙한 곳, 즉 은행으로 향한다. 하지만 나는 은행보다 증권사 계좌를 추천하고 싶다.

은행 계좌는 저축을 위한 공간이다. 돈을 넣어두고 이자가 붙는, 고요한 통장이다. 반면 증권사 계좌는 돈이 움직이고, 세상을 배우는 살아 있는 공간이다. 돈이 자라고 줄어드는 과정을 통해 세상의 경제 원리를 자연스럽게 익힐 수 있다. 아이에게 "주식이 뭐야?"라고 가르치는 대신 증권사 앱을 켜서 "이건 네가 투자하는 회사야"라고 말해주는 순간, 그 아이는 이미 경제 공부를 시작한 것이다.

요즘의 증권사 앱은 매우 직관적이다. CMA 입출금부터 ETF 적립, 자동이체까지 모두 스마트폰 한 대로 가능하다. 부모가 주도권을 쥐고 아이와 함께 계좌를 관리하면, 그 자체가 최고의 금융교육이 된다.

미성년자는 비대면으로 은행 펀드에 가입할 수 없다. 이 부분은 많은 부모가 헷갈린다. "은행 앱으로 펀드에 가입하면 되지 않을까?" 하지만 미성년자는 비대면으로 은행 펀드에 가입할 수 없다. 직접 영업점을 방문해야 하고, 서류 절차도 복잡하다. 한 번은 서류가 누락되었다는 이유로 다시 방문해야 하는 번거로움도 있었다.

반면 증권사 앱에서는 부모 명의 인증서만 있으면 비대면으로 미성년자 계좌 개설이 가능하다. 스마트폰 몇 번의 터치로 5분이면 끝나는 일이다. 아이의 가족관계증명서와 기본증명서만 준비하면 된다. 이 과정 자체가 교육이 된다. 아이에게 이건 네 이름으로 만든 너의 첫 자산이라고 말하는 순간, 그날은 아이의 인생에서 진짜 첫 경제 독립의 날이 된다.

아이의 계좌를 만들었다면, 이제 증권사 앱을 활용해 보자. 이것이 단순한 투자 도구가 아니라 매일 5분씩 함께하는 가정 속 경제 교실이 될 수 있다.

"이건 왜 올랐을까?"

"이건 네가 알고 있는 회사들이야. 네 돈이 이 회사에서 일하고 있는 거야."

아이가 알고 있는 브랜드, 예를 들어 애플이나 구글이 포함된 ETF를 보여주며 질문하고 설명해 주는 것만으로도 아이의 눈빛은 달라진다. 그때부터 돈은 단순한 숫자가 아니다. 세상의 움직임을 이해하는 언어가 된다. 아이에게 돈을 모으라고 가르치는 대신 돈이 일하는 모습을 보여주는 것, 그게 진짜 금융교육이다.

자산운용사에서 직접 가입할 수도 있다. 투자 경험이 조금 쌓이면, 자산운용사에서 직접 펀드를 가입하는 방법도 있다. 에셋플러스자산운용, 메리츠자산운용 등에서는 미성년자 펀드를 직접 가입할 수 있는 서비스를 제공한다. 직접 운용사의 상품을 선택할 수 있다는 점은 큰 장점이다.

하지만 초반에는 너무 많은 계좌를 만들지 말자. 운용사마다 로그인, 이체, 관리 방식이 다르고 계좌가 많아지면 관리가 어려워진다. 처음엔 증권사 하나로 통합 관리하고, 나중에 투자금이 커지면 운용사 계좌를 확장하는 것이 현명하다.

투자도 인생처럼 확장의 순서가 있다. 처음부터 완벽해지려 하기보다, 하나를 정확히 알고 꾸준히 해보는 것이 더 중요하다. 증권사 앱에 들어가면 수많은 계좌 이름이 나온다. CMA, 일반 계좌, ISA, 연금저축…. 계좌가 여러 개인데 어떤 계좌를 만들어야 할까? 처음에는 어떤 계좌를 선택해야 할지 혼란스럽다.

가장 중요한 기준은 돈의 목적이다. 단기적으로 쓰일 돈이라면 CMA 계좌가 좋다. 입출금이 자유롭고, 하루 단위로 이자가 붙는다. 아이의 용돈이나 생활비를 관리하기에 적합하다. 반면 장기투자 목적이라면 일반 증권 계좌를 추천한다. ETF나 펀드를 사고팔며 돈이 자라는 과정을 직접 경험하게 된다.

아이의 미래 교육비나 장기 자산이라면 연금저축 계좌도 고려할 만하다. 세제 혜택이 주어지고, 복리 효과를 오래 누릴 수 있다. 부모가 관리하다가 나중에 아이가 성인이 되면 그 계좌를 그대로 넘겨주면 된다. 연금저축 계좌의 경우 노후까지 유지한다면 자연스럽게 아이의 노후 준비까지 해결된다.

이렇게 계좌의 목적을 구분하는 것은 단순한 금융 기술이 아니라 아이에게 돈에도 성격이 있다는 사실을 가르치는 일이다. 부모가 조금만 준비하면, 아이 명의로도 세제 혜택을 누릴 수 있다. ISA 계좌는 일정 한도 내 수익이 비과세다. 연금저축 계좌는 세액공제와 과세이연 혜택이 있어 복리 효과가 극대화된다. 예를 들어, 매달 10만 원씩 아이의 이름으로 연금저축 계좌에서 ETF를 투자한다면, 10년 뒤엔 세금 없이 ETF 자산이 쌓인다.

결국 부모가 지금 만든 이 작은 계좌 하나가 아이의 노후 자산 10억의 시작점이 될 수 있는 셈이다. 세제 혜택은 단순히 세금을 아끼는 것이 아니라 시간을 내 편으로 만드는 기술이다. 복리의 힘은 금액보다 기간에 의존한다는 사실을 아이에게 꼭 알려주자.

계좌를 만들었다면 이제는 목표를 정해야 한다. 그 목표가 구체적일수록 돈의 방향은 뚜렷해진다.

대학 등록금

생애 첫 세계 여행

첫 전세금 마련 자금

이런 작은 목적들이 모여서 아이에게 돈의 의미를 가르쳐

준다. 단순히 얼마를 모을까보다 무엇을 위해 모을까를 함께 정하는 것이 중요하다. 이때 아이와 대화하며 목표를 함께 써 보면 좋다. 그 대화 자체가 부모와 자녀의 금융 대화이자, 미래를 함께 설계하는 시간이다.

돈이란 결국 살아가는 힘이다. 그 힘을 두려워하지 않고 다루는 법을 배운 아이는 세상의 어떤 변화에도 흔들리지 않는다. 그날의 작은 계좌 개설, 그 사소한 클릭 하나가 아이의 미래를 여는 첫 번째 열쇠가 된다.

Key Point

아이에게 첫 번째 금융교육은 은행이 아닌 증권사에서 계좌를 만들고 돈이 움직이는 과정을 직접 보여주는 것에서 시작된다. 미성년자 계좌 개설은 실제로 오류·방문·서류 등 많은 어려움이 있지만, 증권사 계좌가 가장 효율적이고 ETF·연금저축 등 장기 자산 형성의 출발점이 된다.

1억,
자산 증식의 시작점

    사람들은 흔히 1억이 있어야 부자가 된다고 말한다. 하지만 내가 실제로 투자와 저축을 해오며 느낀 것은, 1억이라는 숫자가 단순한 금액의 기준점이 아니라는 사실이었다. 1억은 어떤 마지노선이나 과시의 상징이 아니라, 그 이후에 펼쳐질 자산 증식의 리듬을 결정짓는 출발점이다. 처음 투자라는 세계에 들어섰을 때는 몰랐다. 그저 한 푼씩 모아가면 언젠가는 더 나은 삶이 펼쳐질 거라고 믿었다. 그러나 시간이 흐르고, 여러 시행착오와 경험을 거치며 점점 더 확신하게 되었다. 1억을 얼마나 빨리 모으느냐가 그 사람의 경제 인생을 바꾸는 핵심 열쇠이다.

    처음부터 이런 생각을 했던 건 아니다. 근로소득만으로 생활을 유지하면서, 가끔 돈을 모았다가 다시 써버리기를 반복할 때는 1억이라는 숫자가 너무 멀고, 나와는 상관없는 사람들만의 이야기처럼 느껴졌다. 하지만 어느 순간부터였다. 매달 조금씩 투자한 자금이 불어나고, 복리의 속도가 아주 느리지만 분명히 존재한다는 사실을 깨닫기 시작했을 때. 그제야 '아, 이 게임은 아무도 알려주지 않는 규칙이 있구나'라는 걸 실감했다. 돈은 단순히 모아놓는다고 늘어나지 않는다. 임계점이라는 것이 필요했고, 그 임계점이 바로 1억이라는 사실을 몸으로 이해하게 됐다.

누군가에게는 1억이 평생 모으기 어려운 목표처럼 들릴 수 있다. 또 누군가는 월급과 상여금, 투자수익 덕분에 비교적 빨리 도달할 수도 있다. 하지만 중요한 것은 속도다. 1억에 도달하는 순간, 돈이 내 노동만으로 움직이던 시대가 끝나고 돈이 돈을 버는 시스템이 본격적으로 작동하기 시작한다. 그동안은 내가 돈을 위해 움직였다면, 그때부터는 돈이 내 인생을 움직이기 시작한다. 많은 사람이 이 단순한 진실을 모르고 수십 년 동안 월급만 바라보며 간신히 버티는 삶을 지속한다. 나도 그중 한 사람이었다.

매달 힘겹게 쌓은 저축이 어느 순간 갑작스러운 지출로 무너지고, 다시 제자리로 돌아와 처음부터 시작하는 반복. 그러다 문득 깨달았다. 이 패턴에서 벗어나려면 일정 수준 이상의 자산 규모가 필요하다. 그 규모가 바로 최소 1억이었다.

1억을 모으는 과정은 생각보다 많은 것을 바꾼다. 숫자만 변화하는 것이 아니라, 사람의 태도가 달라지고, 소비 관점이 달라지고, 자산을 바라보는 시야가 달라진다. 나는 내 계좌 잔액이 1억에 가까워지기 시작했을 때, 단순히 통장 숫자가 늘어나는 것이 아니라 내 삶의 구조 자체가 바뀌고 있음을 느꼈다. 돈을 모으는 데만 매달렸던 이전과 다르게, '이 돈이 앞으로 어떻게 나를 위해 일하게 할 수 있을까?'라는 생각을 하게 된다. 이건 단순한 심리 변화가 아니다. 실제로 1억 이후의 자산 증식 속도는 이전과 완전히 다르다.

물론 1억이 있다고 해서 당장 삶이 획기적으로 달라지는 것은 아니다. 부자가 되거나, 사치가 가능해지거나 하는 변화는 없다. 하지만 눈에 보이지 않는 근본적인 전환점이 있다. 바로 돈이 시간의 편에 서기 시작하는 순간이다. 많은 사람이 돈이 부족한 이유는 벌어들이는 돈이 적어서가 아니라, 시간이 자산화되지 않아서다. 월급만으로 사는 삶은 매달 시간과 돈이 동시에 소모된다. 하지만 1억을 만드는 순간부터는 시간이 소모되지 않고 축적되기 시작한다. 돈이 스스로 불어나기 시작한다. 이것이 바로 1억이 사람의 삶에 가져다주는 진짜 변화다.

나는 사람들이 왜 이렇게까지 힘들게 1억을 빨리 모으려고 하는지 궁금한 적이 있었다. 결론은 명확했다. 빨리 모을수록 시간이 내 편이 된다. 복리는 시간을 먹고 자라나는 생물과 같다. 시간이 많을수록 복리가 커진다. 하지만 돈이 적을 때는 이 성장이 매우 더디다. 100만 원이 7% 늘어난다고 해봤자 7만 원이다. 하지만 1억이 7% 늘어나면 700만 원이다. 이 차이는 시간이 지날수록 감당할 수 없을 만큼 벌어진다. 즉, 내가 1억을 빨리 모을수록 그 이후 자산은 내가 더 이상 노력하지 않아도 기하급수적으로 자라게 된다.

또한 1억은 단순한 돈이 아니다. 그 안에는 수많은 선택의 순간이 담겨있다. 쓰고 싶은 것을 참았던 날들, 버리고 싶은 습관을 버리지 못해 후회했던 날들, 다시 마음을 다잡았던 날들, 그리고 내가 어떤 삶을 살고 싶은지 고민했던 흔적들이 담겨있다. 그래서 1억을 모은다는 것은 단순히 통장 속의 숫자를 채우는 일이 아니다. 그것은 내 삶의 구조를 정비하고, 내가 가고 싶은 방향을 명확히 세우고, 나라는 사람을 단단하게 만들어가는 과정이다. 처음에는 목표를 향한 수많은 날이 버겁고 길게 느껴질 수도 있다. 하지만 어느 순간부터는 이 과정 자체가 즐겁고 든든해진다. 그 이유는 결국 1억을 모아가는 과정이 나를 성장시키는 과정이기 때문이다.

자산이 1억에 도달하면, 사람은 변한다. 소득이나 직업이 변하지 않아도, 그 사람의 말투, 표정, 생각의 깊이가 달라진다. 미래에 대한 불안이 줄고, 선택의 범위가 넓어진다. 삶의 방향을 스스로 조정할 수 있다는 감각이 생긴다. 그리고 가장 중요한 변화는 돈이 부족해서 어쩔 수 없이 선택하는 삶에서 미래를 설계하며 선택하는 삶으로 전환된다는 점이다. 이 전환은 금액이 만들어내는 것이 아니라, 마음의 여유가 만들어내는 것이다.

나는 아이에게 단순히 큰돈을 물려주고 싶은 것이 아니다. 오히려 그 반대다. 내가 정말로 아이에게 주고 싶은 것은 돈을 대하는 태도, 자산을 바라보는 관점, 그리고 시간을 아군으로 만드는 능력이다. 그 모든 시작점이 바로 '첫 1억'이다.

1억이 모인 계좌는 아이에게 이미 부의 첫 번째 언덕을 넘어섰으며, 앞으로의 길은 아이 자신의 선택과 습관에 달려 있음을 말해주는 존재가 될 것이다. 그래서 나는 아이에게 10억의 꿈을 이야기하면서도 가장 먼저 1억을 빨리 모으는 것이 얼마나 중요한지 진심을 담아 말하고 싶다.

나는 첫 1억은 단순한 숫자가 아니라, 아이 인생을 지탱해주는 기둥이 될 것이라고 믿는다.

Key Point

1억은 부자의 기준이 아니라 돈이 돈을 버는 구조가 시작되는 '자산 증식의 출발점'이며, 이 시점을 얼마나 빨리 넘느냐가 경제 인생을 바꾼다. 1억을 모으는 과정은 소비·태도·관점·삶의 구조를 바꾸는 성장 과정이고, 1억 이후에는 복리의 속도가 눈에 띄게 달라지며 시간이 자산으로 축적되기 시작한다.

하루 1만 원으로
S&P500부터 시작하기

　투자를 시작한다는 것은 단순히 돈을 굴리는 기술을 배우는 일이 아니다. 그것은 우리가 앞으로의 삶에서 돈을 대하는 태도와 습관을 만들고, 스스로 미래를 설계할 수 있는 힘을 길러주는 과정이다. 많은 사람이 투자를 어렵고 복잡하게 생각하지만, 실제로 투자란 우리가 매일 생활 속에서 돈을 쓰고 물건을 사고 경험을 얻는 것과 크게 다르지 않다. 단지 차이가 있다면, 투자로 얻는 것은 시간이 지날수록 점점 가치가 커진다는 점이다.

　소비는 잠시의 즐거움을 주지만 금세 사라지며, 흔적 없이 지나간다. 반면 투자는 적은 금액이라도 꾸준히 쌓이면 장기적으로 놀라운 결과를 만들어낸다. 우리가 매일 쓰는 커피 한 잔 값이 10년, 20년 후에는 삶의 선택을 바꿀 수 있는 자산이 되는 것이다.

나는 아이에게 가난과 부의 차이를 이해시키기 위해 늘 이렇게 말한다. 뉴스에서 부자들이 점점 더 부자가 되는 이유는 단순하다. 그들은 특별히 더 많은 월급을 받기 때문이 아니라, 더 많은 자산을 갖고 있기 때문이다. 그리고 많은 사람이 놓치는 사실은, 가난은 단순히 돈이 부족한 상태가 아니라 잘못된 소비 습관에서 비롯된다는 점이다.

사람들은 눈앞의 작은 즐거움을 위해 쉽게 소비하고, 때로는 미래의 돈을 당겨쓰면서 만족을 느낀다. 하지만, 이 즐거움은 일시적이다. 할부로 사는 최신 휴대전화, 배달 음식, 커피값, 구독 서비스…. 이런 것들은 단기간의 행복을 만들어주지만, 그 만족감은 곧 사라지고 부채만 남는다. 부채를 사면서 얻는 순간의 기쁨은 결국 미래의 시간을 갉아먹는다.

반대로 부자가 되는 사람들은 자신에게 먼저 지불하는 습관을 지닌다. 월급이 들어오면 세금과 카드값, 생활비보다 먼저 자산 계좌로 일정 금액을 옮기고, 나머지 돈으로 생활을 꾸린다. 이 단순한 원칙이 시간이 흐르면 엄청난 차이를 만들어낸다. 그래서 나는 아이에게 반복해서 강조한다. 부자는 돈이 많아서 부자가 되는 게 아니라, 자산을 사는 습관을 지닌 사람이라는 것을. 아이가 어릴 때부터 이 차이를 깨닫는다면, 평생의 재무 인생이 올바른 길로 시작될 수 있다.

사실 투자를 시작하는 가장 큰 장벽은 큰돈이 있어야 한다는 생각이다. 하지만 진짜 부자들이 공통으로 가진 비밀은 단순하다. 작은 돈이라도 반복적으로 투자하는 습관이다. 하루 1만 원, 요즘 기준으로 커피 한 잔 가격 정도다. 아이들에게는 이 정도 금액도 쉽게 느껴질 수 있다. 편의점에서 과자 몇 개, 장난감 하나를 포기하는 것만으로도 충분히 마련할 수 있는 돈이다.

그런데 이 작은 돈이 매일 쌓이면, 1년이면 365만 원, 10년이면 3,650만 원, 20년이면 7천만 원이 넘는다. 여기에 S&P500의 평균 연간 수익률 7~10%가 더해지면, 숫자는 훨씬 더 커진다. 투자에서 중요한 것은 금액이 아니라 습관이다. 하루 1만 원이 아니라 하루 3천 원이라도 매일 투자하는 습관을 만드는 것이 훨씬 강력하다.

아이에게 투자 습관을 만들어주는 일은 금액을 늘리는 것보다 훨씬 큰 의미가 있다. 아이 계좌에 매일 1만 원이 들어간다면, 그 자체로 이미 투자자로서 가장 중요한 첫 단계를 경험하게 되는 셈이다.

아이에게 어떤 자산을 사줄 것인가를 고민할 때 선택지는 많지만, 장기적으로 가장 안정적인 방법의 하나가 바로 S&P500이다. 이 지수는 미국의 가장 탄탄하고 영향력 있는 기업 500개로 구성되어 있으며, 전 세계 투자자들이 가장 많이 선택하는 시장이기도 하다. 돈이 몰리는 데는 이유가 있다. 기업들이 검증된 성과를 내왔기 때문이다.

시간의 흐름 속에서도 S&P500은 자동으로 새로운 강자를 편입하며 성장을 이어간다. 한 시대를 풍미하던 기업이 사라져도, 다음 시대의 강자가 그 자리를 채운다. 그래서 S&P500은 세월을 견디는 지수라 불린다. 아이에게 개별 기업이 아닌 시장 전체를 사는 경험을 주는 것은, 투자 실패의 위험을 최소화하고, 장기적으로 가장 높은 성공 확률을 가르치는 방법이다.

주식을 위험하다고 생각하는 부모가 많다. 아이의 계좌에 돈을 넣는 것이 두려워 조심스럽기도 하다. 하지만 사실 가장 위험한 선택은 투자하지 않는 것이다. 물가, 교육비, 집값은 꾸준히 오르고, 시간이 지날수록 돈의 가치는 줄어든다. 투자하지 않는다는 것은 미래의 돈으로 현재를 살아가는 것과 같다. 반대로 세상에서 가장 큰 시장에 투자하는 것은 흔들리더라도 결국 우상향하는 흐름을 따라가는 길이다. 특히 아이에게는 시간이 있다. 아이가 가진 긴 시간은 S&P500이라는 시장의 성장을 고스란히 흡수할 수 있다. 장기투자의 가장 큰 무기는 바로 '시간'이다.

아이 계좌에 하루 1만 원씩 S&P500을 사는 행위는 단순히 금융상품을 사는 것이 아니다. 아이의 미래에 시간을 심어주는 행위이고, 스스로 미래를 만들어갈 힘을 선물하는 일이다. 이 작은 습관 하나가 결국 아이를 10억 연금 부자로 이끌어주는 출발점이 된다.

투자를 시작하면 아이는 점점 돈이 일하는 방식을 경험하게 된다. 처음엔 단순히 돈을 넣는 행위였지만, 시간이 지나면서 스스로 내가 선택한 시장이 어떻게 움직이는지 관찰하게 된다. 가격이 오르락내리락할 때의 작은 불안감, 계좌를 확인할 때의 설렘, 투자 습관을 지킬 때 느끼는 성취감까지 모두 학습의 일부다.

그리고 언젠가 아이가 자라 이 계좌를 바라보는 날이 올 것이다. 그때 아이는 깨닫게 된다. '내가 이런 자산을 가지게 된 건, 매일 1만 원씩 나에게 투자해 준 누군가 덕분이었구나.' 그 깨달음은 단순한 금액 이상의 의미가 있다. 아이의 인생 전체를 바꾸는, 오래 남는 선물이 되는 것이다.

결국 하루 1만 원, 작게 시작하는 투자 습관은 돈을 버는 법만 가르치는 것이 아니라, 아이 스스로 미래를 만들어갈 힘과 자신감을 길러주는 교육이다. 적은 금액이지만, 시간이 흐르면 아이의 삶 전체를 바꿀 수 있는 큰 자산이 된다. 지금 바로 시작하는 것이 중요하다. 시간은 누구에게나 공평하게 주어지지만, 그 시간을 어떻게 쓰느냐에 따라 아이의 미래는 달라진다. 하루 1만 원, 커피 한 잔 값을 투자하는 습관이 미래의 10억을 만든다는 사실, 그리고 그 과정에서 배우는 자기 통제와 인내, 장기적 사고야말로 돈으로 살 수 없는 최고의 선물이 된다.

그러니 미루지 말자. 오늘 바로 시작하자. 아이의 계좌에 하루 1만 원을 넣는 순간, 미래의 아이는 이미 지금의 선택 덕분에 한발 앞서 나간다. 작은 한 걸음이지만, 그 한 걸음이 20년, 30년 후 아이를 지켜주는 방패가 된다. 지금 이 순간의 선택이 아이의 미래를 바꾸고, 평생 잊지 못할 선물이 된다. 지금 시작하자. 오늘의 1만 원이 아이의 10억을 만드는 첫걸음이다.

Key Point

하루 1만 원이라도 꾸준히 투자하는 습관이 소비와 부채의 삶에서 벗어나 자산을 축적하는 삶으로 아이를 이끌며, 작은 돈이 시간이 지나 큰 자산이 되는 원리를 배우게 한다. S&P500 투자는 시장 전체의 성장을 아이에게 경험하게 하는 가장 단순하고 강력한 장기투자 방식이며, 아이가 가진 '시간'이라는 가장 큰 무기를 최대한 활용하게 해준다.

학원보다
부자 DNA를 심어주는 일

"저 오늘부터 수학학원 안 다닙니다."

"안돼. 수학학원은 무조건 가야 돼. 약속했잖아."

"아니, 학원 억지로 가야 하면 나는 집 나갈 거야."

"학원 안 다니면 어쩔 건데? 지금 학교 수업도 못 따라가고 있잖아. 기본은 해야지."

드디어 올 것이 왔다. 그동안 묘한 긴장감을 불러일으키던 시한폭탄 같던 그것의 정체는 '수학학원'이었다. 언젠가 터지리라 예상했던 시한폭탄이 결국 터지고 만 것이었다. 두 주먹을 불끈 쥐고 앉아 앞으로 학원에 다니지 않겠다는 아이의 결의는 대단했다. 언젠가 이런 날이 오리라 예상했지만, 막상 이런 상황을 직면하게 되니 만감이 교차했다.

아이의 학원 문제에 있어서 나는 유독 이중적인 나의 모습을 발견하게 된다. 아이에게 사교육은 시키지 말아야 한다는 생각과, 그래도 한국 사회에서 살아가려면 기본은 해야 한다는 모순된 감정이 늘 공존했다. 한쪽에서는 아이 스스로 자라야 한다는 믿음이 단단히 자리 잡고 있었고, 다른 한쪽에서는 혹시 내가 너무 방임하는 건 아닐까? 하는 불안이 끊임없이 고개를 들었다.

'어쩌지? 학원을 그만두는 게 맞을까?'
'내 아이가 뒤처지면 어떻게 하지?'
'정말 지금 학원을 끊어도 괜찮을까?'

아이가 학원을 그만두겠다고 말하는 순간, 나는 머릿속이 잠시 하얘졌다. 부모라면 누구나 경험했을 법한 불안이 파도처럼 밀려왔다. 학원을 당장 끊겠다는 아이와 절대 안 된다는 아빠의 팽팽한 긴장감 사이에서 나는 솔직히 도망가고 싶었다. 이런 상황을 마주할 때마다 이러지도 저러지도 못하는 나 자신에게 화가 났다. 머리로는 사교육을 끊고 그 돈으로 투자해 주면 좋겠다고 생각하지만, 막상 현실에서는 그래도 학원은 다녀야 하지 않겠냐고 아이를 타이르는 내 모습이 한심했다.

하지만 이번엔 달랐다. 이제는 아이를 위해서, 그리고 가정의 평화를 위해서라도 내 의사를 명확히 밝혀야 했다. 나는 내 마음속 깊이 감춰져 있던 진심을 꺼내보았다. 내가 아이에게 정말 가르치고 싶은 건 무엇이었나?

나는 아이를 시험 점수로 평가받는 사람이 아니라, 세상을 주체적으로 바라보고 스스로 선택할 줄 아는 사람으로 키우고 싶었다. 공부를 잘하는 아이보다, 스스로 배움의 방향을 정할 수 있는 아이. 월급을 받는 기술을 익히는 사람이 아니라, 자본이 어떻게 움직이고 어떻게 자신의 인생을 설계해야 하는지 이해하는 사람. 이런 모습은 단순히 투자를 빨리 시작한다고 만들어지는 게 아니다. 관점이, 사고의 프레임이, 세상을 바라보는 눈이 달라져야 한다.

하지만 우리의 교육 현실은 그 반대 방향으로 흐른다. 한국의 사교육 시장은 아이의 성적을 높여주는 것처럼 보이지만, 사실 그 이면에는 부모의 불안과 비교 의식이 촘촘하게 얽혀 있다. 사교육은 그 불안을 먹고 자란다.

"남들 다 보내니까."
"뒤처지면 어떡하지?"
"수학은 필수니까!!!"

이런 말들은 사실 우리 마음의 두려움이 만들어낸 문장일 뿐, 아이의 필요와는 거리가 멀다. 그러다 보니 아이는 점점 더 깊은 학습의 늪에 빠지고, 부모는 빠져나오기 힘든 사교육의 고리에 갇힌다. 나는 이 사실을 문득 깨달았다. 아이가 금세 지쳐가는 이유가 학습 때문이 아니라, 부모가 만들어 놓은 불안의 상자 때문이라는 것을 말이다.

그 상자는 겉으로는 안전해 보인다. 하지만 그 안에서는 사고가 멀리 뻗어가지 못한다. 상자 밖에서 경험해야 할 실패, 도전, 탐색의 기회가 사라진다. 내가 생각하는 진짜 성장은 시험 문제를 얼마나 잘 푸느냐가 아니라, 새로운 상황에 부딪혔을 때 해결책을 스스로 찾아가는 능력이다. 운 좋게 맞힌 정답보다, 틀려보고 고쳐가는 과정에서 생기는 자존감이 아이를 크게 만든다. 그런데 사교육 위주의 삶에서는 그런 기회가 줄어든다. 주어진 문제, 정해진 답, 정해진 방식. 이런 반복 속에서 아이는 누군가의 지시를 기다리는 사람이 되기 쉽다.

나는 아이에게 그런 미래를 물려주고 싶지 않았다. 앞으로의 시대는 기계적 문제 풀이보다, 상황을 판단하는 힘·선택하는 힘·주도적으로 방향을 설정하는 힘이 훨씬 더 중요해진다. 결국 자본을 모으고, 굴리고, 지키는 능력도 이 사고에서 출발한다. 그래서 나는 아이에게 문제 풀이 기술보다 먼저 '자산을 바라보는 눈'을 갖게 해야 한다고 생각하게 되었다. 돈을 가르친다고 해서 아이가 물질주의자가 되는 것이 아니다. 오히려 돈을 이해하는 아이는 충동을 조절하고, 시간을 가치 있게 쓰고, 결과보다 과정을 소중히 여긴다. 돈이 들어오고 나가는 흐름을 이해한다는 것은 곧 세상이 어떻게 움직이는지를 이해하는 첫 단계이기도 하다.

나는 종종 생각한다. 만약 내가 어릴 때 돈의 언어를 배웠다면 어땠을까? 퇴직금을 허비하지 않았을 것이고, 20대의 소중한 시간을 허둥대며 살지 않았을 것이다. 그 아쉬움이 나를 움직였다. 아이에게만큼은 조금 더 일찍, 조금 더 깊게, 돈의 본질과 자산의 원리를 알려주고 싶었다.

부자가 되는 사람들의 공통점은 돈이 많아서가 아니라 돈을 대하는 태도가 다르다는 점이다. 그 태도가 바로 '부자 DNA'이다. 그리고 그 DNA는 어릴 때부터 생활 속 경험을 통해 심어져야 한다. 억지로 시키는 학원 몇 개 대신 그 비용을 아이의 '부자 DNA'에 투자하는 것이 훨씬 더 가치 있다고 느끼기 시작했다.

나는 최근에 복리 계산에 흥미가 생겼다. 10만 원씩 10년을 6% 복리로 투자하면 얼마일까, 1억을 6% 수익으로 거치하면 10년 뒤 얼마일까, 이런 생각을 하다가 엑셀로 양식을 만들었다. 엑셀로 계산을 해보니 막연하게 생각했던 것보다 복리의 힘은 엄청났다. 아이의 학원비가 한 달 100만 원이라고 가정하면 1년에 1,200만 원이다. 이 돈을 매달 S&P500에 투자해서 연간 7%의 수익이 난다고 가정하면, 10년 뒤에 1억 6천2백만 원이 된다.

매달 100만 원. 그 돈은 단순한 학원비가 아니라, 아이의 미래 선택지를 완전히 바꿔버릴 수 있는 실질적인 자산이 될 수 있었다. 그것은 공부 시간을 조금 늘려 얻을 수 있는 미세한 성취와는 비교조차 되지 않는 값어치였다. 그 계산을 마친 순간, 나는 오히려 힘이 났다. 아이가 "학원 안 다니겠다"라고 했던 말이 두려움의 신호가 아니라 새로운 기회의 문처럼 느껴졌기 때문이다.

학원을 끊는 일은 단순히 일정표에서 몇 시간을 비우는 일이 아니다. 부모와 아이가 함께 자기 삶의 주도권을 되찾는 첫걸음이다. 아이는 더 넓은 세계를 경험하게 되고, 부모는 불안 대신 신념을 선택한다. 돈이 어떻게 흐르는지 이해하게 하고, 자본이 어떻게 일하는지 체험시킬 기회가 생긴다. 그 과정에서 아이는 점수로 평가되지 않는 사고를 배우고, 세상을 훨씬 넓게 보는 사람이 된다.

이 길은 때로 불안할 것이다. 때로 후회가 밀려올 수도 있다. '다시 학원을 보내야 하나?'라는 생각이 스칠 수도 있다. 하지만 나는 이제 확신한다. 이 길은 아이가 월급쟁이의 사고에서 벗어나 자본가의 사고를 갖게 하는 길이라는 것을. 공부는 우리가 어느 정도 도와줄 수 있다. 그러나 자본가로 성장하는 길, 즉 자기 삶을 설계하는 힘을 얻는 길은 부모가 용기를 낼 때만 열린다. 용기 없는 부모에게는 열리지 않는 문. 하지만 그 문을 열었을 때 아이는 전혀 다른 세상을 보게 된다.

그렇다고 우리 아이들이 학원을 전혀 다니지 않는 것은 아니다. 고등학생인 큰아이는 이미 방향을 바꿀 수 없는 입시 전쟁에 들어갔다. 애초에 다른 길을 선택했다면 좋았겠지만, 이미 후회하기엔 늦었다. 아이가 본인이 목표하는 바를 꼭 이루길 바랄 뿐이다.

수학학원을 다니지 않겠다고 선포한 작은아이는 그날 이후로 수학학원을 다니지 않고 있다. 다니던 운동도 다니지 않고, 요즘은 영어에 관심이 있어서 영어학원 한 곳만 다니며 학교 생활을 열심히 하고 있다.

얼마 전 남편이 나에게 말했다.

"민수 수학학원은 어떻게 할 거야?"

나는 단호하게 대답했다.

"인제 그만 애 좀 놔줘. 나는 수학학원 같은 거 몰라. 그냥 빨리 10억이나 모아줄 거야."

남편은 어이없다는 표정을 지으며 더 이상 말을 잇지 못했다. 나는 아이가 학원에 다니거나 말거나, 그 시간 동안 배운 지식보다 훨씬 더 중요한 선택권과 자산을 선물하고 싶다. 아이가 어른이 되어 직장과 학원, 생활비 때문에 선택을 강요받는 삶을 살지 않기를 바라기 때문이다.

매달 일정 금액을 연금저축 계좌에 넣으면서, 복리의 마법이 아이의 미래를 바꿀 것이라는 확신이 생겼다. 복리의 힘을 진작 알았다면, 나는 학원을 끊을 용기를 조금 더 일찍 가질 수 있었을 것이다. 하지만 늦었다고 해서 후회하지 않는다. 이제는 내가 가진 지식과 경험을 바탕으로, 아이가 경제적 자유와 선택권을 가질 수 있도록 돕는 것만이 내 역할이라고 생각한다.

Key Point

학원비 대신 자산에 투자하면 복리의 힘으로 아이의 미래 선택지가 완전히 달라지고, 이는 부자 DNA를 심어주는 가장 강력한 교육이 된다. 결국 부모의 용기가 아이의 인생 방향을 바꾸며, 학원을 줄이는 선택은 아이에게 진짜 자유와 경제적 주도권을 선물하는 길이라는 확신으로 이어진다.

자녀의 머니트리는 부모의 작은 선택에서 시작된다

외국계 회사에 재직 중인 나는 주기적으로 해외 출장을 다니고 있다. 출장의 목적은 미팅이나 교육 등으로 다양한 국적의 직원들과 만나 얘기를 나눌 기회를 얻게 된다. 얼마 전 리더십 교육으로 스위스 출장을 다녀왔다.

나는 개인적으로 연금이나 ETF에 관심이 있어서 다른 나라 직원들을 만나면 연금은 어떻게 준비하고 있는지, 어떻게 투자하고 있는지 물어보곤 한다. 이번에 미국에서 온 직원이 있었는데, 대화 중에 우연히 ETF 얘기가 나왔다.

미국은 워낙 많은 종류의 ETF가 있고, 우리나라 사람들도 투자할 만큼 잘 알려져 있으니, 한편으로는 부러웠다. 기본적인 상품 몇 개만 선택해도 노후 준비에 큰 문제가 없겠다고 생각했다. 이런 내 생각을 얘기하자 그 직원은 동의하면서도 본인의 연금은 뮤추얼 펀드로 운용하고 있다고 했다.

본인의 딸도 이제 막 취업해서 연금에 가입했다면서 안정적인 뮤추얼 펀드 몇 개로 운용하고 있다고 했다. 아이가 아직 독립하기 전이고 돈 들어갈 일이 많지 않은 지금이 투자해야 하는 시기라면서 무조건 일찍 시작해야 한다고 말했다.

미국 아이들은 어렸을 때부터 투자에 대한 경험이 많을 거라고 생각했는데, 꼭 그렇지만은 않은 것 같다. 펀드를 가입할 때 아이가 주식에 투자하면 위험하지 않냐고 물어봤다는 얘기를 듣고 의아했던 기억이 난다. 그 직원이 아이에게 걱정하지 말라고 아빠가 너를 백만장자로 만들어준다고 큰소리쳤다는 얘기를 듣고 한바탕 웃었다. 미국 부모들도 자녀의 자금관리에 적극적이라는 사실이 조금은 신선했다.

아이들의 경제교육과 관련해서 주위 엄마들과 얘기하다 보면, 그건 아이가 커서 알아서 할 일이라고 선을 긋는 사람들이 의외로 많다. 처음에는 그게 이상했는데, 생각해 보니 현실을 외면하고 싶은 게 아닐지 조심스럽게 추측해 본다.

솔직히 나 역시 포기하고 싶은 순간이 있었다. 아이들이 어렸을 때 남편의 사업 문제로 돈이 필요한 시기가 있었고, 구조조정으로 인한 나의 직장 공백 및 장기간의 수험생 생활로 인해 생활비마저 빠듯한 적도 있었다.

그럼에도 불구하고 아이의 자금관리를 소홀히 할 수 없었던 이유는, 돈 관리가 성인이 된다고 해서 알아서 되는 게 아니라는 걸 누구보다 잘 알기 때문이다. 기본적인 종잣돈과 자금관리 시스템은 아이의 평생의 행복을 좌우한다.

아이에게 경제교육을 한다는 건 단순히 돈을 아끼게 만드는 것이 아니다. 우리는 흔히 절약을 경제교육의 중심으로 오해하지만, 진짜 핵심은 돈을 어떻게 바라보고 이해하며, 어떤 선택을 해야 삶이 단단해지는지를 알려주는 일이다.

많은 부모가 "크면 알아서 하겠지"라고 말한다. 하지만 현실에서 돈은 크면 저절로 배우는 종류의 지식이 아니다. 오히려 제때 배우지 않으면, 어른이 된 후 더 무서운 실수와 더 큰 비용을 치르게 된다.

사회에 처음 발을 내딛는 순간부터 대출, 신용카드, 금융상품, 투자 선택 같은 문제들이 한꺼번에 밀려오는데, 준비되지 않은 아이는 그 압박 속에서 자신도 모르게 위험한 선택을 하게 된다. 그래서 나는 힘든 시기에도 아이의 경제교육만큼은 절대 놓지 않으려고 했다. 당장 눈앞의 상황이 어려워도, 아이의 미래를 위한 씨앗 심기만큼은 포기할 수 없다고 생각했기 때문이다.

어릴 적 경제교육은 단순한 금융 지식의 전달을 넘어선다. 그것은 그 아이가 평생 어떤 선택을 하고 어떤 태도로 세상을 살아갈지를 결정짓는 가장 기초적인 사고방식이다. 예를 들어, 어떤 아이는 용돈을 받는 즉시 모두 써버리고, 어떤 아이는 사용과 저축을 구분해 스스로 기준을 만든다. 두 아이가 커서 성인이 되었을 때, 그 차이는 단순한 돈의 많고 적음이 아니라 삶을 계획하는 방식의 차이가 된다.

우리가 아이에게 돈 쓰는 법을 가르치는 것은 쉽다. 용돈을 얼마 줄지, 어디에 쓰게 할지, 어떻게 절약하게 할지에 대한 규칙을 정해주는 것은 누구나 할 수 있다. 하지만 돈을 다루는 지혜를 가르치는 일은 완전히 다른 영역이다. 돈은 단순히 쓰고 아끼는 대상이 아니라, 시간을 투자로 바꾸고 미래를 조금씩 옮겨 심는 씨앗이라는 감각을 심어주는 것. 아이가 이 감각을 어릴 때부터 몸에 익히면, 그 아이는 어른이 되어도 돈에 흔들리지 않고, 필요할 때 올바른 선택을 할 수 있다.

그래서 나는 늘 스스로에게 되묻는다. '내가 아이에게 물려 줘야 하는 것이 정말 돈 자체일까?' 결국 결론은 같다. 아이에게 물려줘야 할 것은 큰돈이 아니라, 돈을 바라보는 관점과 스스로 자산을 만들어갈 힘이다. 일정 금액을 주는 것이 아니라, 그 돈이 스스로 자라고 커지도록 만드는 방법을 알려주는 것. 그 힘이 있어야 아이는 흔들리지 않는다. 예상치 못한 위기가 찾아오더라도, 부와 가난의 파도가 몰려오더라도, 겁먹지 않고 스스로 헤쳐 나갈 수 있다.

돈을 잘 다루는 법을 아는 아이는, 인생을 다루는 법도 자연스레 익히게 된다. 돈을 잃었다고 무너지지 않고, 기회가 왔을 때 두려워하지 않고, 소비와 투자 사이에서 균형을 찾을 줄 안다. 이런 태도는 시간이 지나면 삶을 스스로 세우는 힘이 되어 아이를 지켜준다.

또 하나 분명하게 느끼는 사실이 있다. 바로 혼자 하는 재테크의 시대는 이미 끝났다는 것이다. 과거에는 부모가 자기 돈만 잘 관리하면 됐다. 경제 성장 속도도 지금보다 빨랐고, 내 집 마련이나 자산 형성도 비교적 단순한 문제였다.

하지만 지금은 부모 세대와 아이 세대의 자산 격차가 눈에 띄게 벌어지고, 같은 출발선에 선다고 가정하기도 어렵다. 예전에는 대학을 졸업하고 취업해 조금씩 모아도 미래가 그려졌지만, 지금은 사회초년생이 지금부터 모은다고 말하는 순간 이미 뒤처져 있다. 월급은 거의 오르지 않는데 집값, 생활비, 교육비는 빠르게 상승한다. 이런 현실에서 아이가 성인이 되어 처음으로 자산을 모으려고 할 때, 그 사이의 시간은 이미 너무 큰 차이를 만들어버린다.

그래서 나는 아이에게 최소한의 기초 자산의 뼈대 – 즉 '머니트리(Money Tree)' – 를 만들어주는 것이 부모의 새로운 역할이라고 믿는다. 이 머니트리는 거창하거나 큰돈일 필요가 없다. 매달 1만 원, 3만 원이라도 규칙적으로 투자된다면, 그 자체가 시간을 사는 일이다. 아이가 20살이 될 때 텅 빈 계좌로 사회에 나가는 것과, 매달 조금씩 자라온 자산 나무의 열매를 안고 출발하는 것은 삶의 방향을 완전히 바꿔놓는다. 아이는 이미 할 수 있다는 자신감을 느끼고 출발하게 되고, 부모는 아이가 더 단단한 발판 위에서 첫걸음을 내딛는 모습을 지켜볼 수 있다.

머니트리는 정말 거창한 것이 아니다. 적은 금액이라도 되고, 꾸준하면 된다. 용돈의 일부를 스스로 저축하게 하고, ETF나 인덱스펀드를 자연스럽게 접하게 하고, 적은 돈이라도 복리의 힘에 닿게 해주는 것. 이것은 단순히 재테크가 아니라, 돈과 친해지는 방법을 가르치는 일이다. 아이가 시장의 움직임을 보며 스스로 판단하고, 감정에 휘둘리지 않고 투자할 줄 알게 되면 그 자체가 평생의 자산이 된다.

그리고 이 작은 씨앗이 자라서 결국 아이에게 선택의 자유를 준다. 어떤 전공을 선택할지, 어떤 직업을 가질지, 어떤 도시에서 살고 싶은지 같은 문제들은 결국 돈의 영향에서 벗어나지 않는다. 하지만 일정한 머니트리를 가진 아이는 선택의 폭이 넓어진다. 부모의 경제력에 기대는 삶이 아니라, 스스로 만들어낸 자산과 습관이 아이 인생을 지탱하는 힘이 된다.

아이에게 경제교육을 한다는 것은 결국 미래를 한발 앞서 준비하게 만드는 일이다. 이 미래는 누구도 대신 지켜줄 수 없다. 부모가 아무리 많은 조언을 해주어도, 아이가 스스로 선택하고 행동하지 않으면 현실은 바뀌지 않는다. 그래서 경제교육은 부모가 아이에게 짐을 얹는 것이 아니라, 더 멀리 보고 더 현명하게 선택할 수 있는 나침반을 건네주는 일이다. 나침반을 손에 쥔 아이는 멀리 돌아갈 수는 있어도 길을 완전히 잃지는 않는다.

아이의 삶을 살찌울 수 있는 머니트리는 오늘 부모의 작은 선택에서 시작된다. 그 나무는 하루아침에 자라지 않는다. 하지만 꾸준한 시간과 관심을 먹으며 천천히 뿌리를 내리고, 세월을 견디고, 결국 아이가 스스로 설 수 있을 때 든든한 그늘을 만들어준다. 그 그늘은 단지 돈을 의미하는 것이 아니라, 아이가 마음 편히 꿈꾸고 도전할 수 있는 안전한 공간을 의미한다.

부모가 할 일은 단 하나다. 오늘 작은 씨앗을 심는 것.

그 씨앗이 내일, 그리고 먼 미래의 아이에게 어떤 열매를 줄지는 아무도 모른다. 하지만 분명한 것은, 씨앗을 심지 않으면 열매도 없다는 사실이다. 그래서 나는 아이와 함께 그 씨앗을 키우는 일을, 앞으로도 계속해 나갈 것이다.

Key Point

아이의 경제교육은 절약을 가르치는 것이 아니라 돈을 바라보는 관점과 스스로 자산을 키우는 힘을 길러주는 과정이며, 이는 어릴 때부터 시작해야 한다. 부모가 아이에게 만들어주는 작은 머니트리(Money Tree)는 시간이 자산이 되는 구조를 만들고, 아이의 미래 선택지를 넓혀준다. 결국 부모가 할 일은 오늘 작은 씨앗을 심는 것이며, 이 꾸준한 씨앗이 훗날 아이가 스스로 설 수 있는 든든한 기반이 된다.

1억을 모으는 내 아이의 첫 ETF

초판1쇄 2026년 1월 26일 **지은이** 미즈쑤 **펴낸이** 한효정 **기획** 박화목 **편집교정** 한효정 **디자인** d.purple **일러스트** Freepik **마케팅** 안수경 **펴낸곳** 도서출판 푸른향기 **출판등록** 2004년 9월 16일 제 320-2004-54호 **주소** 서울 영등포구 선유로 43가길 24 104-1002 (07210) **이메일** prunbook@naver.com **전화번호** 02-2671-5663 **팩스** 02-2671-5662 **홈페이지** prunbook.com | facebook.com/prunbook | instagram.com/prunbook

ISBN 978-89-6782-255-2 03320
ⓒ 미즈쑤, 2026, Printed in Korea